职业生涯规划与大学生就业指导研究

沈小军 著

中国商务出版社
CHINA COMMERCE AND TRADE PRESS

图书在版编目（CIP）数据

职业生涯规划与大学生就业指导研究 / 沈小军著. -- 北京：中国商务出版社，2022.12

ISBN 978-7-5103-4605-7

Ⅰ．①职… Ⅱ．①沈… Ⅲ．①大学生－职业选择 Ⅳ．①G647.38

中国版本图书馆CIP数据核字(2022)第240710号

职业生涯规划与大学生就业指导研究

ZHIYE SHENGYA GUIHUA YU DAXUESHENG JIUYE ZHIDAO YANJIU

沈小军　著

出　　版：	中国商务出版社		
地　　址：	北京市东城区安外东后巷28号	邮　编：	100710
责任部门：	发展事业部（010-64218072）		
责任编辑：	陈红雷		
直销客服：	010-64515210		
总 发 行：	中国商务出版社发行部（010-64208388　64515150　）		
网购零售：	中国商务出版社淘宝店（010-64286917）		
网　　址：	http://www.cctpress.com		
网　　店：	https://shop595663922.taobao.com		
邮　　箱：	295402859@qq.com		
排　　版：	北京宏进时代出版策划有限公司		
印　　刷：	廊坊市广阳区九洲印刷厂		
开　　本：	787毫米×1092毫米　1/16		
印　　张：	9.75	字　数：	208千字
版　　次：	2023年2月第1版	印　次：	2023年2月第1次印刷
书　　号：	ISBN 978-7-5103-4605-7		
定　　价：	63.00元		

凡所购本版图书如有印装质量问题，请与本社印制部联系（电话：010-64248236）

版权所有盗版必究（盗版侵权举报可发邮件到本社邮箱：cctp@cctpress.com）

前　言

　　高校毕业生就业是重大的民生工程，既关乎人民群众的切身利益，也关乎我国高等教育持续健康发展及社会的和谐稳定。近年来，日益严峻的就业形势使高校毕业生就业问题成为家庭、学校、社会关注的焦点。党中央、国务院高度重视高校毕业生的就业工作并指出，要坚持就业优先战略和积极就业政策，实现更高质量和更充分就业。中央经济工作会议把稳就业列为"六稳"之首，各项稳就业、促就业政策纷纷出台。政策红利如春风拂面，营造了良好的就业氛围。

　　大学生就业指导是一种高质量、高水平的就业服务，是做好整个毕业生就业工作的关键环节。大学生就业指导是帮助大学生在分析自身个性倾向、兴趣爱好和专业素养的前提下，引导其确定自己的职业方向，并指导大学生通过掌握相关知识和提升技能实现人职相配，并完成其就业目标的过程。职业生涯规划对大学生的顺利就业意义重大，这一工作的系统性和应用性比较强，主要以大学生的个人能力以及基本素养为出发点，针对大学生的专业学习情况对其未来职业发展方向进行简单的预测和设计。

　　本书既有知识的传授，也有技能的培养，有利于大学生形成对自我、对社会和职业的正确认知，在社会实践和专业学习过程中培养正确的就业价值观，树立远大志向、目光长远，规划和选择合适的职业发展路径，避免冲动就业或不理性就业。

　　在本书编写过程中，作者参考了同类书籍，在此谨向各位作者表示感谢。由于时间仓促，作者能力有限，书中难免存在不足，请读者朋友批评指正。

目 录

第一章　大学生活与职业生涯 …………………………………… 1

　　第一节　大学生活从规划开始 ……………………………………… 1

　　第二节　职业生涯概述 ……………………………………………… 5

　　第三节　职业生涯规划与管理的基本理论 ………………………… 11

第二章　就业形势 ………………………………………………… 29

　　第一节　当代大学生就业形势分析 ………………………………… 29

　　第二节　大学生职业发展的趋势 …………………………………… 34

　　第三节　专业与职业 ………………………………………………… 46

第三章　就业指导 ………………………………………………… 49

　　第一节　国家劳动准入制度 ………………………………………… 49

　　第二节　人才评价标准 ……………………………………………… 53

　　第三节　就业观念和心理调适 ……………………………………… 57

　　第四节　择业技巧 …………………………………………………… 61

　　第五节　有关就业的法律常识 ……………………………………… 69

第四章　创业意识与创业能力 …………………………………… 89

　　第一节　创业观与创业意识 ………………………………………… 89

第二节　创业精神和创业素质 ·· 94

　　第三节　创业能力及形成 ·· 98

第五章　创办企业的流程与风险投资 ·· 106

　　第一节　选择合适的企业形式 ·· 106

　　第二节　企业设立的条件与程序 ·· 112

　　第三节　风险投资简介 ·· 120

第六章　职业生涯规划 ·· 127

　　第一节　职业生涯规划概述 ·· 127

　　第二节　职业生涯规划 ·· 135

参考文献 ·· 149

第一章 大学生活与职业生涯

第一节 大学生活从规划开始

　　大学是什么？大学不仅仅是一个历时四年的时间概念，最重要的还在于它奠定了一个人人生成长的基础。"大学之道，在明明德，在亲民，在止于至善。"大学之"大"，在于其自由宽容之氛围和独立创新之精神，唯其两点，是大学之精髓所在。

　　亲爱的同学，来到大学，你的心情怎么样，这里的环境你还适应吗，你看到了什么事，遇见了什么人，又学习到了什么知识？初入大学者会有诸多不适应，大多是因为从一个从较为封闭的环境来到一个相对开放环境。无论从哪种角度来看，从中学到大学，都可以说是人生的一次重要转折。有人对自己的未来比较清楚，一步一个脚印地往前走。但是，一些同学要么对未来没有什么想法，希望到大三时再考虑所有的问题，一天天堆积焦虑；要么就如无头苍蝇一般看似忙碌，却不知该往何处使力。另外还有一些同学虽然看似对未来发展有一些想法，但又不能确定，甚至对达到既定目标缺乏信心。在大学中，环境和氛围是核心问题。学校对学生的影响是通过校园文化所形成的氛围来达到的。因此，怎样尽快地熟悉和适应陌生的环境，使自己成为大学这个熔炉中的组成部分，是每一个走进大学校园的大学生首先应该解决的问题。

一、读大学究竟是为了什么

　　从小，老师和家长就告诉我们，要好好学习，小学要怎样怎样，然后上中学，中学要怎样怎样，然后读大学。那么，大学又要怎样呢？当我们都还未成年时，我们的一切选择、路径都由父母和老师左右、安排，我们从来都是只要努力就可以了，至于达到什么目标，从来不需要自己去思考。但是在上了大学之后，突然当自己要决定今后的人生时，当一直追求的自由和自主突然在大学里全面实现时，我们却六神无主、不知所措了，因为我们没有经验，在没准备好（甚至没有准备）的情况下就被迫开始独立思考、独立选择、独立决策。

二、大学生生活的变化

大学生活与高中生活相比，有了巨大变化。如何适应这些变化成为每个大学生都要考虑的问题。只有调整好自我，适应转变，才能快乐并充实地迎接大学生活。

（一）社会角色的转变

大学生与中学生担任的校内角色不同。在中学时，一些学生可以在校内或班内担任一定职务；而在人才荟萃的大学校园里，他们中的大多数人可能只是普通的学生。大学新生必须适应这种由出人头地到默默无闻、由高才生到一般学生的转变。此外，大学生与中学生所担当的社会角色也不同，中学生的心理和思想正在发展中，其职业方向和社会角色不够确定；而大学生的职业方向基本确定，社会对大学生的期望和要求要比中学生高得多。因此，大学新生要完成从中学生到大学生这种社会角色的转变，就要处处用大学生的标准严格要求自己，既学做人又学做事。

（二）奋斗目标的转变

大学是学生成才、成就事业的一个新起点。古人云，"有志者事竟成""百学须先立志"。大学生应从高考胜利的满足和陶醉中清醒过来，根据学校教学的客观现实和自己的实际，制定出个人在学业、思想道德、心理发育等方面的奋斗目标和行动方案，以增强进取的内动力，为其大学阶段的全面发展打下良好的基础。

（三）思维方式的转变

与中学相比，大学的生活节奏快、活动空间大、结交的人多，面对这些环境条件的变化，大学新生的思维方式要做到由"非成人化"向"成人化"转变。在思考和处理所遇到的问题时，要力求做到辩证全面而不要唯心片面；要远见务实而不要目光短浅；对人生重大问题的选择要深思熟虑，三思而后行，而不要盲目冲动或感情用事；要加强道德和法治观念，做事要考虑后果。

（四）生活方式的转变

在中学时，有些生活琐事可以依靠父母或亲友的帮助，进入大学后，大学生的衣食住行等方面都要由自己处理安排，自主、自立、自律是大学生活的主旋律。大学生要适应这种生活方式的变化，自主而合理地处理好个人的学习和生活问题，培养自己独立生活的能力；要自觉遵守学校的规章制度和作息时间，养成良好的生活习惯；要积极参加学校、班级组织的文体及"第二课堂"活动。

（五）交往方式的改变

大学生与中学生的生源地不同。中学生大多来自本地就读，同学间充满乡音乡情；大学生则来自全国各地，其语言、个性、生活习惯都会有较大差异，这就要求他们的交往方式要有所转变。首先，大学生要做到相互了解，相互适应，提倡主动交往；其次，同学间要相互尊重、相互关心、为人要诚恳热情、严以律己、宽以待人，大事讲原则，小事讲风格；最后，与同学交往要坚持与人为善，要全方位交往，而不要拉帮结伙，注意人际关系的和谐性。

只有在深刻理解了这五方面的转变后，我们才能够做出正确的自我定位。一些学长或学姐给出建议：想要在专业知识上深入学习、在学术上有所突破，就要了解本专业研究的概况，并找一些老师开出专业方面的书单，先对所学的专业有一个全面而宏观的了解。

而致力于学生工作的同学可以到学生会和团委报名参加学生干部的招募。但是，千万不要以为大学四年时间很长，学习和工作可以兼顾，如果这样想。那很有可能什么都做不好。所以，大学生要先明确自己是怎么样的个性，要做什么再行动吧。

三、大学生活的迷茫

大学新生存在的问题前面已经有所提及，反映在大学生的学校生活中，重点需要思考以下几方面的问题。

（一）突然的相对自由和目标缺失

在应试教育的中学阶段，学生处于相对封闭状态。中学生在学校里的学习、生活都带有被动性和强制性，在心理上处于被支配的状态；他们的学习和生活主要围绕着升学与应试展开，学生在家长和老师的督促下学习。进入大学后，大学生的学习生活改变为以自我设计为特征，他们可支配的时间突然增多。同时，随着年龄的增加和社会阅历的丰富，大学生的独立意识越发增强。由于缺乏足够的自我约束能力，大学生开始遇到一些这个年龄阶段比较棘手的问题，即在自由支配的学习时间和各种诱惑的关系处理之间开始出现严重分歧，典型的表现是一部分大学生难以自拔地过度放任和缺乏目标。

（二）人际关系开始遇到危机

高中阶段，由于学业紧张等原因，人与人的交往不够紧密；而到了大学，随着社团活动的增加，同学之间关系更加密切。由于大学是一个更加广阔的交往平台，大学同学来自天南地北，每个人的生活方式、行为方式都有所不同，他们不可避免地要遇到各种各样人际关系方面的纠纷，日益复杂的人际关系与大学生处理人际关系的能力之间就会形成矛盾。从中学生到大学生的转变中，一个核心的内容就是人际关系观念的转变。如何与周围的同学和谐相处，如何从更理智的角度来处理人际关系，是大一新生面临的问题。

（三）想象中的大学生活与实际的大学生活的不一致

在跨入大学门槛前，新生往往在想象中美化校园环境和学校生活。然而，实际入学之后大学生发现校园并没有想象中那么美好时，而会形成心理上的落差，这种落差的突出表现就是为自己的自我放纵寻找借口。

（四）中学的远离社会和大学内的小社会

大学新生在入学之前就受到了家庭、学校、同学等各个方面的特殊关注。到了大学，同学之间的隐性特征和社会的各种思潮开始影响大学生的校园生活。因此，同学的自身条件、家庭出身、社会关系开始受到了越来越多的议论和关注。面对这些较为复杂的问题，部分大学生开始感受到了来自各方的压力，进而导致心理落差的存在。如果不能及时处理好这些问题，正确看待这些问题，就有可能会出现个人职业生涯开始前的心理危机。

大学教育到底能够给大学生带来什么样的收获？应该说大学是人生起跑的平台，是一个社会化的过程。在大学期间，学生应该开始考虑自己要成为一个什么样的人，准确地说是要成为一个什么样的社会人，要考虑自己的人生价值在哪里、生活的意义是什么。

四、理解和适应大学生活

就像去一个陌生又新奇的城市旅行一样，你需要先上网找些攻略，有个大概的了解，然后坐车到达，真实地适应当地的环境。

大学就是这样一段陌生又新奇的人生之旅。相对中学来说，大学更加开放、多元、自由；课前与课后的时间不再由学校和父母安排，而是完全交给你；财务的权利不再是零花钱，你可以自由地支配生活费，你可以自己决定课余时间读什么书、什么时候开始学习，以及学习什么新的知识；你可以自己决定参加什么社团、与不同系不同年级、甚至社会不同群体的人交往。

另外，大学也提供了更多的发展路径、多元化的标准以及更高的要求。除了把书读好，大学还提供了更多的自我实现路径，学术研究、培养综合能力、培养技术优势等；除了学习能力，大学还需要我们提高自我管理的能力以实现目标；社会交往的能力找到支持，独立理财的能力保证生存，独立思考的能力让我们选择适合自己的目标。

大学不仅需要我们完成学业，而且需要我们在四年里完成进入社会的准备，这里不仅是我们学生生涯最后一片"乐土"，而且是人生成就的预备役。大学是收获更多、也是挑战更多的地方。

五、职业可不可以规划

我们的大学学习和未来的职业生涯是不是可以规划，是不是可以像计算机那样编制程序，然后按部就班地去实施和完成。这是一个见仁见智的问题。有些人认为，没有规划的人生终将一事无成，所以应该尽早做好全面而细致的职业规划；还有些人认为，计划赶不上变化，人生往往会因为一些无法预料的偶然性因素而发生重大转折，所以人生是没法设计的。

诚然，生命中的很多东西确实是无法预料的。职业规划其实就是从多个发展道路中选择一个走下去，而生命是不可以重来的，即便经历过，我们也无法知道究竟哪一条路更好走。在人生的十字路口，我们不可能沿着一条路走到尽头以后再回到起点换另外一条路去走。

但这种不确定和不可重复不应该成为我们放弃准备与规划的借口。我们的未来虽然会因为某个偶然事件彻底改变，但这并不能阻止我们今天去努力奋斗，即便我们所学的没有派上用场，但起码，它也会让我们离梦想和成功更近些。

我们不能放弃自己的坚持和梦想。进大学没几天，有的男生对周边网吧的分布已了如指掌，一些女生终日泡在自己的手机里，成为博客和微信里面的女王。这就是我们要的大学吗？要么随波逐流，既不考虑毕业以后究竟想做什么，也不关心自己所走的路究竟能通往何处，整天看起来忙忙碌碌，到头来却碌碌无为；要么就是不思进取，浑浑噩噩地过日子，用睡懒觉、玩网络游戏的方式度过大学时光。

我们认为，规划既是思考的小结，也是行动的开始。科学的职业规划也是良好教育素质和职业素养的直接体现。著名管理学家赫伯特·西蒙（Herbert Simon）认为，管理即决策。那么，让我们从对自己职业生涯的规划和决策开始，用科学的规划和管理点亮我们人生的梦想与希望。

第二节　职业生涯概述

一、职业生涯的内涵

（一）生涯与职业生涯

"生涯"一词从字面上理解，"生"原意为"活着"，"涯"为"边际"，"生"和"涯"连在一起是"一生"的意思。生涯的英文为career，从词源看，来自罗马文viacarraria及拉丁文carees，两者的含义均指古代的战车，后来被引申为道路，即人生的发展道路。

生涯，具有人生经历、职业、专业、事业的含义。人的一生有少年、成年、老年几个阶段，成年阶段无疑是最重要的时期，它是人们从事职业生活的时期，是人生全部生活的主体，因此，人的生涯就是职业生涯。

社会学家麦克·法兰德指出：职业生涯是指一个人依据理想的长期目标，所形成的一系列工作选择，以及相关的教育和训练活动，是有计划的发展历程。职业生涯是个人一生职业、社会与人际关系的总称，即个人终生发展的历程。这段话包括四个方面的含义。

（1）职业生涯只是表示一个人一生中在各种职业岗位上的整个经历，并不包含成功与失败的意义，也没有进步快慢的含义。

（2）职业生涯由行为活动与态度、价值两个方面组成。要充分了解一个人的职业生涯，就必须从客观和主观两方面理解：表示职业生涯客观特征的是外职业生涯；表示职业生涯主观特征的是内职业生涯，两者涉及一个人的价值观、态度、需要、动机、气质、能力、发展取向等。

（3）职业生涯是一个过程，是人一生中所有的与工作相关的连续经历，而不仅仅是指一个工作阶段。

（4）职业生涯受各方面因素的影响，如本人对职业生涯的设想与计划、家庭中父母的意见与配偶的理解和支持、组织的需要与人事计划、社会环境的变换等都会对其职业生涯有所影响，因此，职业生涯在一定程度上可以认为是多方面相互作用的结果。

一个人在选择一种职业后也许会终生以此为业，也许会转换职业。不论怎样，一旦开始进入职业角色，他的职业生涯会随着时间的流逝而延续。例如，某人刚参加工作时是学校的教师，后来去政府机关担任公务员，最后又到公司担任经理，那么教师、公务员、经理就构成了这个人的职业生涯。

职业生涯有大周期和小周期之分。大周期是指从开始工作到退出职业生涯的整个过程，通常有三四十年的时间。小周期是指从事某一个职业时从进入到退出的过程。

（二）外职业生涯与内职业生涯

1. 外职业生涯

外职业生涯是指从事一种职业时的工作时间、工作地点、工作单位、工作内容、工作职务与职称、工资待遇等因素的组合及其变化过程。外职业生涯通常可以通过名片、工资单体现出来。名片上表明工作的地点、企业的类型、担任的职务、职称等内容；工资单里写明基本工资、岗位津贴、福利待遇、奖金等项目的具体金额，这些因素就构成了外职业生涯。

2. 内职业生涯

内职业生涯是指从事一种职业时的知识、观念、经验、能力、心理素质、内心感受等因素的组合及其变化过程。内职业生涯中所讲到的这些因素，并不是通过名片、工资单可以体现出来的，而是通过从事职业时的表现、工作结果、言谈举止表现出来的。

外职业生涯的发展通常由别人决定、给予、认可，也容易被别人否定、收回、剥夺。而内职业生涯的发展主要靠自己不断地探索获得，不随外职业生涯的发展而自动拥有，也不会因为外职业生涯的失去而自动丧失。在职业生涯发展进程中，起主要作用的是内职业生涯。

二、影响职业生涯的因素

职业生涯既是个人发展的基础，又是个人发展的历程体现。在这个重要而又漫长的过程中，每个人的职业生涯都会受到教育、家庭、性格、价值观、性别、健康状况、机遇等主客观因素的影响。

（一）教育

教育是赋予个人才能、塑造个人人格、促进个人发展的社会活动。教育奠定了一个人的基本素质。一个人通过接受教育或培训形成自己特有的知识结构、能力和才干，对其一生具有巨大的影响。

（1）不同教育程度的人在职业选择时，具有不同的表现。这不仅关系到一个人职业生涯开端与适应期是否良好，还关系到其以后的发展、晋升是否顺利。从一般规律看，有较高教育水平的人，在就业以后会有较大的发展，即使工作暂时不尽如人意，其流动能力与动机也较强。

（2）人们所学专业及职业种类，对其职业生涯有着决定性的影响。一专多能者、专业水平和应用技术俱佳者，往往能得到更多的机会，在职业生涯发展中居于主动地位。

（3）人们接受的不同等级的教育，所学的不同学科门类，所在的不同院校及其不同的教育思想，都会使其形成不同的思维模式，从而使其可以采用不同的态度来对待自己、对待社会，对待其职业生涯的发展。

（二）家庭

家庭是人的第一所学校。一个人的家庭也是培养其素质以至影响其职业生涯的主要因素之一。人从幼年起，就会受到来自家庭的深刻而潜移默化的影响，促使其形成一定的价值观和行为模式。有的人还从家庭中自觉或不自觉地习得某些知识或技能。此外，一个人的其他家庭成员，在其择业或就业的过程中，也会对其职业生涯产生很大的影响。

（三）性格

性格与一个人的职业生涯有很大的相关性。霍兰德将人的性格分为六种类型。一般人具备的性格可能是其中一种或两种以上的混合类型。只有从事与自己性格相适合的工作，才能让其充分施展自己的才华，进而全身心投入工作，取得好的绩效

（四）价值观

毫无疑问，个人的需求与动机和一个人的追求、价值观、行为方式等都会直接影响其职业生涯的进展，同样的工作对不同的人有着不同的价值，同一个人对不同的职业会有不同的态度与抉择。有学者归纳出包括物质报酬、名望、权力、安定性、自主性、专精、亲和、多样性、创意、休闲、追寻意义在内的11种职业价值观。在就业时，人们会根据不同的职业评价和价值取向来选择自己的职业。人们在不同的年龄阶段、不同的阅历、特别是不同的职业经历状况下，都会针对自己的主观和客观条件，在职业的选择和调整方面有不同的动机与需求。另外，社会环境及组织也是影响职业生涯的主要因素。

首先，社会的政治和经济形势、社会文化与习俗、职业的社会评价等大环境因素决定着社会职业岗位的数量与结构，决定着其出现的随机性与波动性，也决定了人们对不同职业的认定和步入职业生涯、调整职业生涯的决策。

其次，除非你自己创办公司，一个人的职业空间多来自组织，因此，组织中的人力资源观念、管理措施及管理者的水平，也是影响个人职业生涯的重要因素。

（五）性别

虽然男女平等的观念已普遍被现代社会所接受，但"性别因素"在择业中仍然起着重要的作用。事实上很少有人能完全漠视性别问题。因此，每个人（尤其是女性）都必须合理地考虑自己的职业期望，以便充分发挥自己的性别特色，并使自己顺利择业。

（六）健康状况

还有一个不容忽视的因素，那就是健康状况。健康对一个人的职业选择特别重要，几乎所有的职业都需要以身心健康为前提条件。

（八）机遇

在个人职业生涯发展过程中，不可避免地会受到某些被称为机遇的偶然性因素的影响。有时候，这些因素的作用是巨大而难以抵制的。然而，"有志者事竟成"。机会约等于个人的努力，有所准备的人总要比那些缺乏准备的人更容易掌握主动权、更容易获得机遇的青睐。

三、职业生涯的发展阶段

职业生涯贯穿我们的一生。每个人在实现职业生涯目标的过程中，都会经历不同的发展阶段，有着不同的职业需求和人生追求，但紧要之处往往只有几步。不同阶段的任务，组成了一个人向职业生涯顶峰攀登的崎岖之路，同时将决定自己未来职业生涯的去向。职业周期的阶段和任务与生物社会周期的阶段和任务紧密相关，因为两者都与年龄和文化连接在一起。一般来说，一个人在20岁左右时希望尽快进入角色，30岁左右追求发展空间，40岁左右追求突破，50岁左右则可能力求平稳。正确地认识职业生涯发展规律以及自己所处的发展阶段，对制订有效的职业生涯规划是非常重要的。

人的职业生涯大体可以分为以下六个阶段。

（一）职业准备阶段

该阶段一般从14~15岁开始，延续到18~22岁，读研究生则延续到25~28岁。

这是一个人就业前学习专业、职业知识和技能的时期，也是个人素质形成的主要时期。但对于这个职业生涯的起点，许多人是盲目的，甚至是由别人（通常是家长或老师）来代替决定的。在这一时间段，人们处于职业幻想阶段，对职业的认识就是从这个阶段开始的，因而良好习惯的培养与职业理想的建立，以及职业意识、职业态度、职业能力的培养和建立是密切相关的。

（二）职业选择阶段

该阶段一般集中在17~18岁到30岁以前。

这一阶段的主要特征是人们从学校走上工作岗位，是人生事业发展的起点。在这一时期，人们要根据社会的需要和自己本身的素质及愿望做出职业选择，并走上工作岗位。这个阶段是人生职业生涯的关键一步。如果选择失误，就会导致职业生涯发展不顺利，或在浪费时间后再次选择，还可能顾此失彼丢掉其他的工作机会。

如何起步，直接关系到个人事业的成败。一个人为了找到最适合自己的职业，可能要经历几次选择与磨合。人们可以多进行一些职业方面的尝试、探索，熟悉适应组织环境，熟悉工作内容并有初步的开创性成果。人们可以发展和展示个人专长，积累知识能力，学会与他人沟通协作，从而获得认可。所有这些目标都需要通过学习来逐步实现。因此，这一阶段的规划策略方案，应围绕学习这个主题来进行，可具体分解为以何种形式来学习知识（重返校园还是参加培训）、学习的内容是什么、要达到怎样的标准，以及能力积累提高的具体途径等。

（三）工作初期——职业适应阶段

该阶段一般在就业后1~2年。

这一时期是对走上工作岗位人的素质检验期。具备岗位要求素质的人，能够顺利适应某一职业；素质较差或不能满足职业要求的人，则需要通过培训教育来达到职业的要求；自身的职业能力、人格特点等素质与工作岗位要求差距较大者，难以达到与职业要求相适应，则需要重新选择职业；个人素质超过岗位要求、个人兴趣与职业类别很不相符者，也可能重新对职业进行选择。

（四）工作中期——职业稳定阶段

该阶段一般从 20~30 岁开始，延续到 45~50 岁。

这一时期是人的职业生涯的主体时期。一般是在人的成年、壮年时期，且占人的生命过程的绝大部分时间。

这一阶段可能存在诸如追求发展稳定、遭遇发展瓶颈、面临中年危机、取得阶段成功等不同情况。对大部分人来说，这一阶段应该致力于某领域的深入发展，求得升迁和专精。这个阶段不仅是劳动效果最好的时期，也是人们担负繁重家庭责任的时期。一个人除非有特别的才干和抱负，40 岁应该是职业锚扎根的时候，不宜更换职业。因此，成年人往往倾向于稳定的某种职业，甚至特定的岗位。一般这时的个人精力也不允许你像年轻人那样上学深造，适合的充电方式只有短期培训和实践积累。即使真的处于职业生涯的瓶颈和转折点，需要重新调整职业和修订自己的目标，也应该在 45 岁以前完成。在职业稳定期，如果从业者的素质能够得到发展和提高、潜力得以体现，就可能抓住机会逐步取得成果，成为某一领域的出色人才、行家里手，得到晋升并获得职业生涯的成功和成就。因此，在这一阶段的职业生涯策略应重点围绕扩大工作视野，传、帮、带新人和提升领导（指导）能力来进行。另外，这些内容仅从书本和培训中是难以得到的。

（五）工作后期——职业素质衰退阶段

该阶段一般从 45~50 岁开始，延续到 55~60 岁。

这一时期，人开始步入老年。由于生理条件的变化，能力缓慢减退，心理需求逐步降低而求稳妥和维持现状。一般来说，处在这一阶段的人上升的空间已经很小，就该规划全身而退的策略，以及退休后的目标转移方案。

另外，也有一些老年人，智力并没有减退，知识水平、经验水平反而会呈现出越来越高的现象（有学者称为"晶态智力"）。这种晶态智力的发挥，能够使他们的素质进一步提高，由此出现第二次创造高峰，直至巅峰。这些人往往是所从事其职业领域的专家权威或专业方面的学术带头人。

（六）职业结束阶段

这一时期是人们由于年龄或其他原因结束职业生活历程的短暂过渡时期。

对个人而言，职业稳定与适合是非常重要的。在上述六个阶段中，"职业稳定阶段"最长,"职业选择阶段"最为关键,而"职业准备阶段"在一定程度上决定着个人的选择方向与稳定性。

四、职业生涯的意义

(一)职业生涯是满足人生需求的重要手段

现代人的大部分时间是在社会组织中度过的。我们大部分的人生需求都要通过职业生涯来满足。作为个人生命中投入时间和精力最多的人生组成部分,职业生涯使我们体验到爱与被爱的幸福,受人尊敬、享受美和成就感带来的快乐。相对而言,人的素质越高,精神需求就越高,对职业生涯的期望也就越大,只有这样,个人对企业和社会的贡献才会愈大。

(二)职业生涯是促进人全面发展的重要手段

现代人追求全面发展,随着生活水平的提高,人们的自我意识逐步增强。人们在渴望拥有健康、丰富的知识、能力、良好人际关系的同时,也渴望在事业上有所建树,并享有幸福和谐的家庭生活和丰富多彩的休闲时光,职业生涯能帮助我们确定职业发展目标,鞭策个人努力工作,有助于个人抓住重点,引导我们发挥潜能,并帮助我们评估目前工作成绩。我们追求成功的职业生涯,从而获得个人的全面发展。

第三节 职业生涯规划与管理的基本理论

一、职业选择理论

职业选择是人们依照自己的价值观、职业期望、兴趣能力等,从社会现有的职业中进行挑选的过程。选择一种职业,就是选择了一种生活方式,人们在挑选职业的时候都会慎重考虑。职业选择理论告诉我们应该如何选择职业,比较具有代表性的职业选择理论有帕森斯的特质因素理论、霍兰德的职业兴趣理论和沙因的职业锚理论等。

(一)帕森斯的特质因素理论

波士顿大学教授弗兰克·帕森斯(Frank Parsons)提出的特质因素理论又被称为人职匹配理论,这是最早的职业辅导理论。1909年,帕森斯在其著作《选择一个职业》中提出人与职业相匹配是职业选择的关键。帕森斯认为,每个人都有自己独特的人格模式,每种人格模式的个人都有与其相适应的职业类型。所谓"特质"就是指个人的人格特征,包括能力倾向、兴趣、价值观和人格等,都可以通过心理测量工具来加以评量；而所谓的"因素"则是指在工作上取得成功要具备的条件或资格，这些因素是可以通过对工作的分析而了解的。

1. 人与职业匹配的类型

（1）因素匹配（职业匹配人）。需要专门技术和专业知识的职业与掌握该种技能和专业知识的求职者相匹配。例如，脏、累、苦等劳动条件很差的职业，需要能吃苦耐劳、体格健壮的求职者与之匹配等。

（2）特质匹配（人匹配职业）。例如，具有敏感性、易动感情、不守常规、个性强、理想主义等特质的人，适合从事审美性、自我情感表达的艺术创作类型职业。

2. 帕森斯职业理论选择的步骤

（1）对求职者的生理和心理特点（特质）进行评价。人们可以借助成就测验、能力测验和人格测验等测评手段，了解求职者的价值观、能力倾向、兴趣爱好、气质与性格等，通过面谈、调查等方法进一步获得有关求职者的身体状况、家庭背景、学业成绩、工作经历等情况，并对这些资料进行评价。

（2）分析各种职业对人的要求（因素），并向求职者提供有关的职业信息，包括职业性质、工资待遇、工作条件，以及晋升的可能性，求职的最低条件，就业机会等。

（3）人职匹配，即整合个人和工作领域的信息，这是特性因素理论的核心。指导人员在了解求职者的特质和职业的各项因素的基础上，帮助求职者进行比较分析，以便选择一种适合其个人特点、有可能得到且能在职业上取得成功的职业。

职业选择理论依据的理论基础，是强调人的个体差异已被当时人们普遍接受的事实，差异心理学和心理测验的产生与发展为职业选择理论及其实际应用提供了有利条件。同时，这一方法既符合职业生涯规划的逻辑和一般过程，也易于操作和实施。所以，这种职业选择方法自产生起就一直被人们广泛接受和采用，并不断发展和完善。

但是，人们所获得的工作要求的信息不但是不完全的，而且该理论所依赖的技术基础——心理测验，还不能保证绝对准确，这些误差的存在可能会导致人们做出不恰当的职业选择。另外，该理论试图找到个体特性与职业要求之间的一一对应关系，既没有充分考虑到个体特性中的可变因素，也没考虑到工作要求会随时间的改变而发生变化，所以，这种人职匹配过于静态的观点与现代社会的职业变动是不相适应的。同时，职业选择理论把职业选择看作个体单向的选择过程，也忽视了社会因素对它的影响和制约作用。

（二）霍兰德的职业兴趣理论

1959年，约翰·霍普金斯大学的心理学教授约翰·霍兰德（John Holland）提出了职业兴趣理论。霍兰德职业兴趣理论认为人的人格类型、兴趣与职业密切相关，兴趣是人们活动的巨大动力，凡是具有职业兴趣的职业，都可以提高人们的积极性，使人们积极愉快地从事该职业，职业兴趣与人格之间存在很高的相关性。该理论的提出既对社会产生了广泛的影响，也使霍兰德成为该领域中里程碑式的人物。

1. 基本原则

（1）选择职业是人格的一种表现，个体对某种职业的偏好是因为其可能具备相应的某种人格。

（2）个体的兴趣类型是人格类型的反映，个体对特定类型的事物或事件感兴趣，表明其可能具有相应的人格类型。

（3）相同职业团体内的成员有相似的人格，因此，他们对很多情景与问题会有相类似的反应方式和行为模式，从而产生类似的人际环境。

（4）人格类型可划分为现实型、研究型、艺术型、社会型、企业型和常规型六种，个体的人格属于其中的一种或几种的结合。

（5）人所处的环境以及从事的工作也可相应划分为六种类型，即现实型、研究型、艺术型、社会型、企业型和常规型。

（6）个体的人格与工作环境之间的匹配和对应，是职业满意度、职业稳定性与职业成就的基础，也就是说，只有当个人找到与自己人格类型一样或接近的工作类型时，他才会对工作产生强烈的兴趣，才能从工作中获得较高的满足感、成就感，从而取得较好的工作成绩。

根据以上基本原则，霍兰德于1973年进一步完善了自己的理论，他根据研究成果提出了四项核心假设与三个辅助假设。

2. 核心假设

（1）在我们的文化中，大多数人的人格可以大致分为六种类型：现实型（realistic type，以下简称R）、研究型（investigative type，以下简称I）、艺术型（artistic type，以下简称A）、社会型（social type，以下简称S）、企业型（enterprising type，以下简称E）、常规型（conventional type，以下简称C）。这六种类型具有各自的特点，同时也存在一定的关系，它们可以按照一个固定的顺序排列成一个六边形。一般地，人们的兴趣特征常常是两至三种类型按照不同比例组合而成的。

（2）和人格属性的分类相同，在我们的社会环境中，有六类职业，即现实型、研究型、艺术型、社会型、企业型和常规型，并且按照一定顺序也排成了六边形（RIASEC）。同时，大部分工作情境也综合了多种形态。

（3）人们总是在寻找适合自己人格类型的环境，锻炼其相应的技巧和能力。

（4）一个人的行为表现，是由其人格与所处的环境交互作用决定的。

六边形模型的提出是霍兰德在职业类型划分基础上另外一个极有价值的贡献。六边形的六个角分别代表霍兰德所提出的六种个性类型和相对应的六种职业类型；每种个性类型与职业类型的相关性大小，可以通过图形边长和对角线的长短表示。连线越短，表示个性类型与职业类型相关性越大，则适应性越高；连线为0，即个性类型与职业类型完全适配，如RR型、CC型、AA型等，此时人职配置最适宜、职业选择最理想，这被称为人职协调。如果个体选择与其人格类型相近的职业环境，如果现实型的人在研究型或常规型环境中工作，由于两种类型之间有较高的关联性，则个人经过努力和调整也能适应职业环境，这属于人职次协调。最坏的职业选择是个人在与其人格类型相斥的职业环境里工作，在此种情况下，个人既难适应职业，也不太可能从工作中得到乐趣，这被称为人职不协调，如研究型的人在企业型环境中工作等。总之，人格类型与职业类型的相关程度越高，个体的职业适应性越好；相关程度越低，个体的职业适应性越差，因此，六边形模型的提出有助于人们更好地理解和进行职业选择。

3. 辅助假设

核心假设中指出了人和职业的适配有六种类型，人总是在寻找适合自己人格类型的相关工作。辅助假设进一步对人格类型之间的相关性以及人格与职业的匹配程度进行了解释。辅助假设不仅可用来解释人的个性分类，也可用于解释职场的形态分类。

（1）一致性。一致性主要指人格类型或职业环境六种模块之间的相似程度。例如，具有现实型（R）和研究型（I）类型特征的人在性格、行为上会有某些共通的地方，他们不太善于交际，热衷于做事而非与人打交道，我们称这两种类型人的一致性较高；反之，常规型（C）和艺术型人（A）的一致性则偏低，他们的特点是截然不同的，具有常规型特征的人顺从性较大，而具有艺术型特征的人独创性更强。六种类型占据了六边形的六个角，它们的一致性程度可以用在六角形上的距离来表示。

（2）区分性。区分性主要指个人人格特质或者个人所偏好的职业形态的清晰程度。例如，某些人对某些职业环境的界定较为清晰，这些人比较接近其中的某一类型，而与其他类型相似的比较少，这样的情况表示其区分性良好；反之，如果个人的人格特征与多种类型相近，则表示其区分性较低。一般而言，个人特性多趋向于非纯粹的综合性特点，但在个体身上常会自然地突出某些代表个体个性的明显特征，我们通过分析这些特征来确定个体的人格类型特点以及其偏好的职业类型。

（3）适配性。适配性是指人格类型与职业环境类型的匹配度。不同的人希望在不同的职业环境中工作、生活，人与职业如果适配得当，就可以更好地通过自身条件发挥所长。同时，适配性的高低可用于预测个人对职业的满意度、职业的稳定程度以及个人的职业成就。因此，适配性是霍兰德人格类型理论规律性假设中最为重要的一个假设。

根据霍兰德的理论，一个人如果没有严重的心理困扰或精神异常，只要有丰富的资料和探索的机会，大部分人就可以自行解决职业上的问题。霍兰德编出了"职业偏好量表"及"职业自我探索量表"，用来评定个人所属人格类型，分析其一致性、区分性以及适配性。

霍兰德所提出的六种职业类型包括了当时的美国《职业词典》上所收集的所有行业，因而其个性类型与职业类型的划分是具有一定的科学性和可行性的。但是，霍兰德把众多的职业只划分为六种类型，最终确定的是与一个人的个性一致的职业类型或职业群，而每种职业类型和职业群又包括一系列具体职业。同时，根据六边形模型，一个人不仅可以选择与其个性类型相协调的职业环境类型，而且能适应与其个性类型次协调的两种职业环境类型，这就进一步扩大了个体的职业选择范围。职业选择的范围太多，就可能会模糊其选择职业的方向。因此，从这一角度来看，霍兰德的类型分类及测定工具只能作为职业生涯规划和人才挑选的初步依据。

（三）沙因的职业锚理论

职业锚理论是由职业生涯规划领域具有"教父"级地位的麻省理工学院斯隆管理学院教授、哈佛大学社会心理学博士艾德佳·沙因（Edgar H. Schein）最早提出来的。沙因认为，职业生涯发展实际上是一个持续的探索过程，而职业锚使个体的职业经验逐步稳定、内化下来，当其再次面临职业选择时，就成为其最不能放弃的职业定位。

在众多的职业生涯发展理论中，职业锚理论是一种指导、制约、稳定和整合个人职业决策的职业自我定位理论。出于该理论的实用性、操作性和综合性特点，它成为众多职业生涯发展理论中格外重要和格外引人注目的理论。

1. 核心内容

个体的职业锚有自省的才华和能力三个组成部分，个体的职业锚以各种工作任务中的实际成绩为基础；自我动机和需要，以实际情景中的自我测试和自我诊断的机会以及他人反馈为基础；态度和价值观，以自我与雇佣组织、职业环境的准则、价值观之间的实际碰撞为基础。

2. 职业锚的类型

经过长期的研究，沙因提出了八种"职业锚"，即技术/职能型职业锚、管理型职业锚、自主/独立型职业锚、安全/稳定型职业锚、创造/创业型职业锚、服务型职业锚、挑战型职业锚、生活型职业锚。

（1）技术/职能型职业锚。拥有技术/职能型职业锚的人希望过"专家式"的生活。这种类型的人操作的动机来自有机会充分发挥自己的技术才能，并乐于享受作为某方面专家带来的满足感。这种类型的人忠于组织，愿意参与组织目标的制定过程，确定目标之后，他们会抱着最大的热忱去独立实现目标。他们既不喜欢管理工作，也不愿意离开自己认可的专业领域，更不希望被提拔到管理岗位。在薪酬补贴方面，他们更看重外在平等，并且需要从横向比较中获得心理平衡。对这些人的激励应该考虑通过扩大工作范围，给予其更多的资源和更大的责任，更多的经费、技术等支持，另外，可以让其通过委员会和专家组等方式参与高层决策。

（2）管理型职业锚。拥有管理型职业锚的人有非常强烈的愿望成为管理人员，并将此看成职业进步的标准。相对专业知识，管理型职业锚的人更认可领导与管理的重要性，他们认为掌握专业技术不过是通向管理岗位的阶梯。与拥有技术/职能型职业锚的人相比，拥有管理型职业锚的人更喜欢接受不确定性的挑战，他们认为拥有达到目标的能力才是关键的晋升标准。对薪酬的态度，这个类型的人倾向于纵向比较，热衷于组织中的股票期权等代表所有者和股东权益的奖励方式。对这个类型的人来说，最好的认可方式是将他们提升到具有更大管理责任的职位上。

（3）自主/独立型职业锚。拥有自主/独立型职业锚的人追求自主和独立，不愿意受程序、工作时间、着装方式以及在任何组织中都不可避免的标准规范的制约。即使面临职业选择，他们也会为了保住自主权而权衡工作的利弊。这种类型的人倾向于专业领域内职责描述清晰、时间明确的工作，其薪酬方式倾向于接受基于工作绩效并能即时付清的工资。他们惧怕中长期激励的约束，宁可放弃高薪的工作和晋升的机会，也不愿意被人约束和指使。这种类型的人期望的工作晋升是那种能够获得更多自主的方式。对他们的认可方式是直接的表扬、证书、推荐信、奖品等。

（4）安全/稳定型职业锚。拥有安全/稳定型职业锚的人选择职业最基本、最重要的需求是安全与稳定。这种类型的人最不希望在其工作中出现太多不确定的因素，只要有条件，他们就会选择提供终身雇佣、从不辞退员工、有良好福利体系和退休金计划、看上去强大可靠的公司，所以，政府机关、能够提供终身职务的大学和其他事业单位，是其择业首选。这种类型的人喜欢组织的中长期激励，希望自己的职业升迁跟随组织的发展而发展，适合直接加薪、改善收益状况的激励方式。对于薪酬补贴，只要按部就班、有基于工作年限、可预见的稳定增长就可以。这种类型的人喜欢基于过去资历，有明确晋升周期的公开等级晋升系统的单位。

（5）创造/创业型职业锚。对创造/创业型职业锚的人来说，最重要的是建立或设计某种完全属于自己的东西。当在经济上获得成功后，赚钱便成为他们衡量成功的标准。自主型职业人创业的动力是源于表现和扩大自主性的需要，而创造型职业锚的人在创业初期，会毫不犹豫地牺牲自己的自由和稳定以求得事业的成功。在薪酬方面，这种类型的人看中的是所有权。对于工作晋升，这种类型的人希望职业能够允许他们去做自己想做的事，有一定的权力和自由去扮演自己不断进行创新的角色。创造财富、创建企业、拓展事业，就是对他们的认可方式。创造/创业型职业锚与别的职业锚具有较多的重叠。

（6）服务型职业锚。拥有服务型职业锚的人希望能够体现个人的价值观，他们关注工作带来的价值，而不在意是否能发挥自己的能力。这种类型的人希望能够以自己的价值观影响雇用他们的组织或社会，只要全世界因为他们的努力而更美好，就实现了他们的价值。至于薪酬补贴，这种类型的人希望得到基于贡献的、公平的、方式简单的薪酬。对于这种类型的人来说，晋升和激励不在于钱，而在于认可他们的贡献，他们需要得到来自同事以及上级的认可和支持，并与他们共享自己的核心价值观。

（7）挑战型职业锚。这类人认为他们可以征服任何事情或任何人，在他们眼里，成功就是"克服不可能超越的障碍，解决不可能解决的问题，战胜更为强劲的对手"。所谓"更高、更快、更强"，最对这种人的胃口。他们的挑战领域不局限于某一方面，而是所有可以挑战的领域。如果他们缺乏挑战机会，就失去了工作的动力。这种类型的人会看不起与其价值观不同的人并不断给阻碍他挑战的人制造麻烦。

（8）生活型职业锚。这类人似乎没有职业锚，他们不追求事业的成功，而是需要寻求合适的方式整合职业的需要、家庭的需要和个人的需要。所以，这种类型的人会为了工作的弹性和灵活性选择职业。他们认为生活的成功并不完全取决于职业和工作上的成功，相对具体的工作环境和工作内容，他们更关注自己如何生活、如何与家人交往以及怎样在生活中获得乐趣。"老婆孩子热炕头"，在一定程度上反映了这种职业锚类型人的特点。

3. 正确的理解职业锚应注意的问题

（1）每种职业锚都对应着一些典型的职业，而某些职业也可能对应着多种职业锚。

（2）职业锚不同于职业倾向，根据霍兰德的理论，人的职业倾向可能是六种类型中不同类型的组合，但职业锚对个人来讲是单一的，他只可能拥有八种职业锚中的一种，无论何时都不愿意放弃的职业需求也可能是一种。

经过几年的发展，职业锚（职业定位）已经成为职业发展、职业生涯规划的必选工具，麻省理工学院斯隆管理学院编制了《职业锚测评系统》，于2003年被引入中国。北京师范大学和北京大学一批心理学家对该系统进行了本土化工作，并与清华大学就业指导中心合作进行了国内常规模式的工作类型选取。

在现代社会，个人与组织的发展并不矛盾，作为个人，需要不断地进行自我探索，确认自己的职业锚，并将自己的认识与组织进行沟通。作为组织，需要建立起灵活的职业发展路径，多样化的激励体系和薪酬体系，以满足同一工作领域中拥有不同职业锚员工的需求。

二、职业发展理论

随着研究的进一步深入，职业发展理论开始更倾向从动态、发展的角度来研究人的职业行为以及各个发展阶段，原来较为稳定的静态"职业"概念慢慢被动态的"生涯"概念取代。职业生涯发展阶段的划分成为职业生涯规划研究的重要内容。自20世纪50年代起，著名生涯规划大师唐纳德·E.舒伯（Donald E. Super）经过长期的研究，对生涯发展提出了较为系统的观点。此外，著名职业指导专家金斯伯格（Ginsberg）

的职业生涯发展阶段论、心理学博士杰弗里·H.格林豪斯（Jeffry H.Greenhaus）的职业生涯发展理论也是该学派的重要代表。

（一）金斯伯格的职业发展理论

1. 基本观点

金斯伯格是职业发展理论的先驱，1951年其专著《职业选择》问世，他在这本书中提出了职业发展理论的基本观点。

（1）职业选择是一个发展过程。它不是一个单一的决定，而是人一个在一段时间里做出的一系列决定。在这个过程中，每一个步骤与前后的步骤之间都有着某种有意义的联系。

（2）这个职业选择过程大部分是不可逆转的，因为在这个过程中做出的每一个决定都依赖个人的年龄和发展。

（3）这个过程以一种折中的方式结束。一系列内外部因素影响个人的决定，一个人必须在影响择业的主要因素（兴趣能力和现实机会）之间取得平衡。

2. 发展阶段

金斯伯格把人的职业选择心理的发展分为三个主要时期，即幻想期（fantasy period）、尝试期（tentative period）和现实期（realistic period）。在尝试期和现实期中，又做了进一步划分。

（1）幻想期（11岁以前）。11岁之前的儿童时期为空想阶段，这个阶段的个体往往希望自己能快点长大，怀着理想化职业的憧憬。在这个阶段，个体多带有强烈的感情色彩，思想较为盲目，并带有冲动性，对职业需求的内涵思想尚未形成，完全处于幻想之中，因此，个体在这个时期表现得较为不稳定。

（2）尝试期（11~18岁）。这个阶段与青春期有一定的重叠，个体的生理和心理迅速发育与变化，有自己独立的意识，价值观念开始形成，知识水平和能力水平显著提升，初步懂得社会和生活经验，开始形成自己的职业兴趣，并开始思考今后的职业道路及自己所面临的任务。但是，由于长期处于学校学习，个体对职业选择考虑更多的还是自己的兴趣，难免具有一些过于理想主义的色彩。

金斯伯格按照年轻人考虑择业因素的顺序，把尝试期又分如下四个阶段：兴趣阶段（11~12岁）、能力阶段（13~14岁）、价值观阶段（15~16岁）和过渡阶段（17~18岁），其中，价值阶段是职业形成最重要的时期。而尝试期的最后一个阶段过渡阶段和现实期的第一阶段探索阶段，给年轻人提供了一次重新开始职业选择过程的机会。随着阶段的发展，个体开始从考虑非常主观的个人兴趣、能力和价值观转向不断关心现实所提供的机会与限制。

（3）现实期（18岁以后）。在现实期，个体开始由中学进入大学，或直接步入社会从事职业活动。在这个时期，他们已经开始把自己的主观愿望、主观条件与客观社会环境协调起来，兴趣、能力、价值观等个体化因素不再是择业的唯一决定因素，他们必须面对现实做出抉择。这个时期最大的特点是客观性、现实性。

个体在这个阶段的成熟与进步是循序渐进的，根据整个阶段的发展历程，该阶段也可细分为三个各有侧重的发展时期。

①探索期。个体试图把自己的选择和社会的需要相联系，他们进行各种试探性的活动，探索各种职业机会的内涵架构，为自己下一步的职业选择做好准备。

②具体化时期。个体的职业化目标基本确定后，进一步将该目标分解、细化，为实现这个目标而努力。

③特定化时期。为了实现特定的职业目标，个体将开始更为专业、全面的努力，如准备升入更高一级的学府深造或者打算接受专项训练等，做好具体就业或入职的准备。

由于金斯伯格是以中产阶级的子女作为自己的研究对象，因而，其具体的时期与阶段划分不一定符合其他阶层和文化背景的年轻人。但撇开具体年龄阶段的划分不谈，其理论对一个人职业选择心理发展过程的研究还是具有一定的合理性和科学性的。另外，金斯伯格虽然主要研究的是一个人的早期职业发展，但他并没有因而否认职业选择的长期性。1983年，金斯伯格对其职业选择理论进行了重新阐述，他着重强调：对那些主要从工作中寻求满足感的人来说，职业选择是一个终生的决策过程，他们会不断地重新评价如何能够平衡自己正在变化的职业目标和工作现实之间的配合。同时，金斯伯格提出了在终生选择过程中的三个因素，即最初的职业选择、最初选择与后来工作经验之间的反馈以及经济和家庭情况。金斯伯格虽然对人的早期职业生涯发展做了精心研究和具体分析，但对个体职业角色后如何进一步调整和发展职业生涯，则不是金斯伯格研究的重点，需要其他的理论体系来完善。

（二）舒伯的职业发展理论

舒伯是继帕森斯之后职业发展研究领域又一位里程碑式的大师。在前人研究的基础上，舒伯建立了一个宏大的理论体系，研究并划分了一个人一生的职业生涯。这一理论得到大多数职业生涯研究学者的认可，成为职业生涯研究领域的重要理论。

1953年，舒伯提出了其职业发展理论的10条基本假设，1957年，他又将其扩展到12条，这12条基本假设代表了舒伯理论的核心内容。

（1）职业是一种连续不断、循序渐进又不可逆转的过程。

（2）职业发展是一种有秩序且有固定形态、可以预测的过程。

（3）职业发展是一种动态的过程。

（4）自我概念在青春期就开始产生和发展并于成年期转化为职业概念。

（5）青少年期至成人期，随着时间的推移及年龄的增长，现实因素（如人格特质及社会因素）对个人职业的选择愈加重要。

（6）父母的认同会影响个人角色的发展和各个角色间的一致性及协调性，以及对其职业生涯规划及结果的解释。

（7）职业升迁的方向及速度与个人的聪明才智、父母的社会地位、本人的地位需求、价值观、兴趣、人际技巧以及供需情况有关。

（8）个人的兴趣、价值观、需求、父母的认同、社会资源的利用、个人的学历，以及所处社会的职业结构、趋势、态度等均会影响个人职业的选择。

（9）虽然每种职业对能力、兴趣、个人特质有特定要求，但这些要求颇具弹性，所以允许不同类型的人从事相同的职业，或一个人从事多种不同类型的工作。

（10）工作满意度取决于个人能力、兴趣、价值观与人格是否能在工作中得到适当发挥。

（11）工作满意度的程度与个人在工作中自我实现的程度相关。

（12）对大部分人而言，工作及职业是人生的重心，虽然对少数人而言，这种机会是不重要的。

舒伯根据人的成长和心理发展过程，把人的职业生涯划分为五个主要阶段。

1. 成长阶段（0~14岁）

成长阶段属于认知阶段。在这一阶段，个人通过对家庭成员、老师、朋友的认同及相互作用，逐步建立起自我概念，并经历从职业好奇、幻想到感兴趣，再到有意识培养职业能力的逐步成长过程。这个阶段又可以分为三个时期。

（1）幻想期（0~10岁）。儿童从外界感知到许多职业，对自己觉得好玩和喜爱的职业充满幻想并进行模仿。

（2）兴趣期（11~12岁）。以兴趣为中心，理解、评价职业，开始做职业选择。

（3）能力期（13~14岁）。开始考虑自身条件与喜爱的职业是否相符，并有意识地进行能力培养。

2. 探索阶段（15~24岁）

探索阶段属于学习打基础阶段。在这一阶段，个体将认真地探索各种可能的职业选择，对自己的能力和天资进行现实性评价，并根据未来的职业选择做出相应的教育决策，从而完成择业及最初就业。

（1）试验期（15~17岁）。综合认识和考虑自己的兴趣、能力与职业社会价值、就业机会，开始进行择业尝试。

（2）过渡期（18~21岁）。正式进入劳动力市场，或者进行专门的职业培训，明确某种职业倾向。

（3）实验期（22~24岁）。选定工作领域，开始从事某种职业，对职业发展目标的可行性进行实验。

3. 确立阶段（25~44岁）

确立阶段属于选择、安置阶段。经过早期的尝试后，最终确立稳定的职业并谋求发展，这一阶段是大多数人职业生涯周期中的核心部分。

（1）尝试期（25~30岁）。个人在所选的职业中安顿下来。重点是寻求职业及生活上的稳定。同时，对最初就业选定的职业和目标进行检讨，如有问题则需要重新选择、变换职业工作。

（2）稳定期（31~44岁）。致力于实现职业目标，是富有创造性的时期。

（3）职业中期危机阶段。在30~40岁中的某一时期，个体可能会发现自己并没有朝着自己的职业目标靠近或发现了新的目标，因而需要重新评价自己的需求和目标，这时个体就处于一个转折期。

4. 维持阶段（45~65岁）

维持阶段属于升迁和专精阶段。由于个体长时间在某一职业领域内工作，在该领域已有一席之地，已不再考虑变换职业，只是维持已有的成绩和社会地位；维持家庭和工作之间的和谐关系，传承工作经验，寻求接替人选。

5. 衰退阶段（65岁以上）

衰退阶段属于退休阶段，由于健康状况和工作能力逐步衰退，即将退出工作状态，结束职业生涯。因此，这一阶段要学会接受权力和责任逐渐减少，学习接受一种新的角色，以适应退休后的生活。

舒伯以年龄为依据，对职业生涯阶段进行了划分，但在现实中，职业生涯是一个持续的过程，各阶段的时间并没有明确的界限，其历时长短也常因人而异，有时还可能出现阶段性反复。因此，舒伯后期对其理论进行了深化，他把每个阶段都划分为包括成长、探索、确立、维持、衰退等步骤的层次，这种大阶段套小阶段的发展呈螺旋循环发展的模式，使各阶段的发展任务更紧密相连。

发展理论的贡献主要表现在职业选择并不是在个体面临择业时所出现的单一事件，它是个人生活中一个长期、连续的过程。由于人的职业发展贯穿人的一生，职业生涯规划也是一个系统而长期的过程。舒伯最杰出的贡献是提出了人一生职业发展阶段的完整模式，该模式具有重要的实践意义。舒伯的职业发展理论系统性极强，具有相当大的合理性，同时又吸收了已有理论的合理之处，其理论是职业生涯规划理论发展史中的里程碑。

（三）格林豪斯的职业发展理论

格林豪斯从人生不同年龄段职业生涯发展所面临的主要任务的角度，对职业生涯发展进行研究，并以此为依据将职业生涯发展划分为五个阶段。

1. 职业准备阶段（0~17岁）

这一时期主要任务是发展职业想象力，对职业进行评估和选择，接受必要的职业教育和培训。该年龄段的个体基本为学生，这一阶段中他们开始了解社会上的各种职业，并对某些职业进行体验和评估，结合个人的目标和兴趣等进行初步的职业选择，并通过学校教育、专项培训等获得基本的职业能力，取得相应的从业资格证书。

2. 进入组织阶段（18~24岁）

这一阶段的主要任务是在获取足量信息的基础上，在一个理想的组织中尽量选择一种合适的、较为满意的职业。该阶段被视为"找工作—找到工作—找到合适的工作"这三步走的缩影时期。对大多数职场新人来说，毕业初期经过一段时间找到工作，就职后进一步熟悉与了解所处的行业和职位，处于继续适应和学习中，如果对企业文化、行业、雇主不满意，可能就会选择离职。因此，进入组织的时期往往是人们的职业体验期，在工作中了解自己真正的职业兴趣，评估职业发展未来，争取最适合自己的岗位。

3. 职业生涯初期（25~39岁）

职业生涯初期阶段的主要任务是学习职业技术，提高工作能力；了解与学习组织纪律和规范，逐步适应职业工作，融入组织；为未来的职业成功做好准备。不论是学习、生活还是工作，找到真正属于自己的兴趣，发现自己的天赋，满怀兴致地从事自己最期望的事业，这才是最理想的职业生涯。因此，在职业生涯初期，我们需要把自己和所在的行业、企业组织、职业相融合，这也是职场路上升职的必要基础，同时为职业发展的下一步做好必要的准备，努力前行或是转行跳槽。

4. 职业生涯中期（40~55岁）

职业生涯中期阶段的主要任务是对早期职业生涯进行重新评估，强化或改变自己的职业理想；选定职业，努力工作，争取有所成是这一阶段的主要任务。个体经历了前期的实践，对职业发展可能有了重新评估和选择的想法，是延续此前的发展道路，继续前行，做出一番理想的事业；还是未雨绸缪，转换职业，是这个阶段需要做出的重要决策。在这个年龄段，家庭、生活等各方面的责任与负担使我们的选择不容有丝毫的闪失。

5. 职业生涯后期（55岁以后）

这个阶段中，继续保持已有职业成就，维护尊严，准备退休是这一阶段的主要任务。一方面继续发挥余热，另一方面也将对退休后的生活做出及时规划。年轻时的爱好、理想，未曾实现的愿望，都将成为打发时间、寻找快乐的行动根源。

格林豪斯的职业生涯发展理论从个体的工作角度将职业生涯进程予以阶段性划分，涵盖了个人的整个职业生涯，逻辑上也很清晰，但从实际可操作性上来说，却似乎略显单薄。实际应用中，我们往往结合其他细分阶段的理论分析与整合特点，将大阶段分解为其中的小步骤、小目标，以此带动个体生涯发展的大循环。

（四）沙因的职业发展理论

沙因根据年龄将职业生涯划分为九个阶段。

1. 成长、幻想、探索阶段（0~21岁）

这一阶段的主要任务是发展和发现自己的需要和兴趣、能力和才干，为进行实际的职业选择打好基础；学习职业发展方面的知识，寻找现实的角色模式，获取丰富的信息，培养自己的价值观、动机和抱负，做出合理的受教育决策，将幼年的职业理想变为可操作的现实；接受教育和培训，开发工作中所需要的基本习惯与技能。在这一阶段，所充当的角色主要是学生与求职者。

2. 进入工作阶段（16~25岁）

这一阶段的主要任务是进入劳动力市场，谋取可能成为职业基础的第一份工作。在个人和雇主之间达成正式可行的契约，个人成为一个组织或一种职业领域的成员，充当的角色是应聘者、新成员。

3. 基础培训阶段（16~25岁）

在这一阶段，个体已经选择职业并成为某一组织的一员，这时需要扮演实习生、新手的角色。这一阶段的主要任务是了解、熟悉组织，接受组织文化，融入工作群体，尽快取得组织成员资格，成为组织中一名正式的成员。同时，个体也要适应日常的操作程序，完成工作。

4. 早期职业的正式成员资格（17~30岁）

在这一阶段，个体已经取得组织的正式成员资格。这一阶段的主要任务是承担责任，履行领导分配的有关任务；培养和展示自己的技能与专长，为提升或进入其他领域的横向职业发展打基础。根据自身才干和价值观，并根据组织中的机会和约束，重估当初追求的职业，决定是否留在这个组织或职业领域，或者在自己的需要、组织约束和机会之间寻找一种平衡。

5. 职业中期（25岁以上）

在这一阶段，个体已经是处于职业发展中期的正式成员，主要任务是选定某一专业或进入管理部门；保持技术竞争力，在自己选择的专业或管理领域内继续学习，力争成为一名专家或职业能手；承担更大责任，确立自己的地位；制订个人的长期职业计划。

6. 职业中期危险阶段（35~45岁）

这一阶段的主要任务是客观评估自己的进步、职业抱负及个人前途；就接受现状或者争取看得见的前途做出选择；与他人建立良好的关系。

7. 职业后期（40岁以后到退休）

这一阶段的主要任务是成为一名良师，学会发挥影响力，指导、指挥别人，对他人承担责任;扩大、发展、深化技能,或者提高才干,以承担更大范围、更重大的责任;如果选择安稳就此停滞,就要接受和正视自己影响力与挑战能力的下降。

8. 衰退和离职阶段（55 岁以后）

这一阶段的主要任务:一是学会接受权力、责任、地位的下降;二是基于竞争力和进取心下降,要学会接受和发展新的角色;三是评估自己的职业生涯,准备退休。

9. 离开组织或职业领域

在失去工作或组织角色之后,面临两大问题或任务:一是保持一种认同感,适应角色、生活方式和生活标准的急剧变化;二是保持自我价值,运用自己积累的经验和智慧,凭借各种资源角色对他人进行传、帮、带。

需要指出的是,沙因虽然基本依照年龄增大顺序划分职业发展阶段,但并未囿于此,其阶段划分更多的是根据职业状态、任务、职业行为的重要性,又结合每人经历某一职业阶段的年龄差异性,只给出了大致的年龄跨度,所划分职业阶段的年龄有所交叉。

三、职业生涯决策理论

职业生涯决策理论是从职业生涯决策的组成要素、步骤、程序、阶段以及相关问题的角度,对个体职业选择、进行职业决策时存在的一些规律进行的探讨和总结。早期的职业生涯理论中,人们虽然认识到决策过程的重要,但是将此过程视为自然发生的。以帕森斯为代表的职业选择派学者认为,个人只要掌握了充分且正确的数据资料,就能在选择职业时做出正确的决定。他们较为强调资料的重要性,决策成为次要的必然结果。

随着职业生涯发展理论的不断发展,许多学者开始注意到,并不是只提供详尽的资料就能帮助个人做好职业选择,他们开始关注决策过程在职业生涯发展中的重要性,特别是决策过程中个人的行动,而不只是强调做决定前的资料搜集与整理分析工作。

职业生涯发展学家们不断肯定着决策过程的重要性,并将它视为求学深造或进入职场所必备的有效认知技能。于是,决策过程也由刚开始的配角上升为万众瞩目的主角,在职业生涯发展中占据了重要的位置,直至形成职业生涯理论中的一个重要派别。

（一）彼得森的认知信息加工理论

认知信息加工理论作为职业生涯决策理论的重要代表,由盖瑞·彼得森（Gary Peterson）吸收了决策制定策略中各项理论基础并加以发展,于 1991 年提出了"认知信息加工金字塔模型"以及"CASVE 循环的核心观点",它们也是进行职业生涯决策时简单且行之有效的方法。

(1) 信息加工金字塔。信息加工金字塔模型包括了做出职业生涯选择所涉及的各个阶段,主要由三级组成。

第一级：知识领域。该领域类似计算机中的数据文件搜集和整理的过程，个体通过对性格、价值观、素质能力等的自我认知，以及对职场环境、职业教育等的职业认知这两个环节来处理和加工相关信息，以帮助职业生涯问题的解决和决策的制定。

第二级：决策技能领域。该领域类似于计算机的程序，主要包括进行良好决策的五个步骤，即 CASVE 循环，以指导个体如何进行职业生涯决策。

第三级：执行加工领域。该领域类似计算机的工作控制功能。在该领域中，个体将思考决策制定的整个过程，决定为实现目标而工作的时间、方式，解决职业生涯问题所采取的途径方法等。在该层级中还涉及了元认知的概念，认知是指人们的思维方式，人们对信息加工的过程，元认知则是认知的认知，是对认知过程的认知，也被称为反省认知。

（2）CASVE 循环。在认知信息加工理论中，做出决定被认为是职业生涯发展的关键环节，该理论中的 CASVE 循环将逐一分析个体做出决策的具体过程。CASVE 循环主要是沟通、分析、综合、评估、执行这五个步骤的往返循环过程，以保证个体决策的顺利做出。

①沟通（communication）。通过沟通的环节，我们会发现问题信号，觉察到理想情境与现实情况之间的差距，并由内部向外部以代表性信号表现出来，个体由此关注到问题的不可忽视性，意识到"我需要做出一个选择"，并开始启动 CASVE 循环。

②分析（analysis）。在发现问题后，我们需要思考、观察、研究，以更加具体地提出问题、考虑各种可能性的结果。要了解自己以及自己的各种选择，了解自己获得信息的步骤，以及平时做出重要决策的方式，建立起自我认知和职业认知这两个领域间的联系，找出自身择业观和社会需求之间的契合程度，对不同的选择进行评价和分析。

③综合（synthesis）。综合阶段是扩大并缩减我们的选择清单的过程。我们要尽可能地扩展问题解决的选择清单，通过头脑风暴、全面撒网的方式以精心搜索各种选项。然后，要把这些选项予以综合，缩减到三项至五项，主要保留与自己知识结构相一致的解决方法，使精简后的各选项都有助于问题的解决。

④评估（valuing）。对各选项的综合评估将有助于做出最终的正确决定。以求职岗位为例，我们将详细列出不同选择的目标、工作地区、待遇、发展空间、工作环境、行业文化等具有一定影响力的项目要素，逐项分析，综合评估。我们可以根据当事人的道德观念对每种选择进行判断，可以问问自己对我个人而言什么是最好的？对重要的他人而言什么是最好的？对我所处的团体而言什么是最好的？在此基础上，对综合阶段得出的各种选择进行排序，以此做出自己的最佳选择。

⑤执行（execution）。执行环节是对前面一系列选择的实施，通过时间表、里程碑式阶段性目标、预算、流程等的建构，为此前的第一选择进行实际操作。以求职岗位为例，我们需要进行前期的培训准备、中期的实习、兼职等实践检验，直至最后面试

入职。在这个过程中，随之而来的可能还有压力和风险挑战，我们需要锲而不舍地用这些步骤来完成自己的目标，个体的决策过程也将更趋合理与完善。

通过沟通、分析、综合、评估、执行这一系列的循环过程后，我们需要审视、检验问题信号是否已经消失，问题的解决过程是否成功，是否需要启动新的CASVE循环，如果未能如愿，则将进入新一轮的循环。

（3）改善元认知的技能。我们在执行加工领域已经初步了解了元认知的概念，在这个决策制定的关键步骤中，提高对元认知的掌控技能是实现目标的重要途径。通常，元认知包含了以下三方面的过程。

①自我对话。自我对话即自己跟自己说话，这在很大程度上是一种重要的心理暗示，这些暗示也有正负消长作用之分，认为自己在某领域能胜任工作、有能力实现目标，有意识地进行自我对话是有必要的。积极的自我对话对决策的制定将产生一种积极的期待，它能强化个体积极的行动；反之，消极的自我对话对生涯决策有负面作用，会严重打击个体的自信心，导致在决策制定上犹豫不决，阻碍正确决策的顺利做出。

②自我觉察。自我觉察是对行为和情绪的觉察。个体认识到自己是任务的执行者，在从事信息加工任务的时候不仅要意识到自己的感受，而且要关注身边他人、团队的需要，适时微调，平衡自身、他人及社会的各方利益，做出于己、于人都利大于弊的选择。

③控制监督。控制监督认知的过程，将左右着我们行为和情绪的步调。如了解是前进或停下来搜集更多的相关信息；对决策过程中可能出现的冲动性反应做出及时的权衡；意识到自己存在的差距并关注各项准备工作，提醒自己承诺的期限等，这些都是受自我对认知的控制监督的影响。要想使计划中的目标实现过程和实际行为步调相一致，就要把握好对认知的控制监督方式。

（二）克朗伯兹的社会学习理论

社会学习理论是由阿尔伯特·班杜拉（Albet Bandura）于1977年创立，着眼于观察学习和自我调节在引发人的行为中的作用，重视人的行为和环境的相互作用，强调将个体放在自然的社会情境中研究其各类行为。班杜拉认为影响职业生涯选择的因素主要有以下几点。

（1）遗传因子与特殊能力，如身体的技能、外在障碍、内在意志、音乐与艺术能力等。

（2）环境情况与特殊事件，如社会的进步、社会机构的变化、劳动法规的各项细则、家庭的脉络资源等。

（3）学习经验，如对事物的认知与行为、观察式学习、工具性学习等。

（4）工作取向技能及设定目标、职业选择中的情绪反应方式等。

斯坦福大学职业生涯规划大师约翰·克朗伯兹（John Krumboltz）吸取班杜拉的社会学习理论精华，继承并发展了该理论。在分析了职业生涯选择影响因素的同时，克朗伯兹还提出了职业决策的具体步骤模式，主要分为以下七个过程。

（1）界定问题。认识自我，明确自己想要什么，厘清自己的需求和个人的限制，了解自己的优势和不足，在此基础上明确目标和制定出实现目标的大致时间表。

（2）拟订行动计划。在明确自己需求目标的基础上，分析可能达到目标的各种行动方案，制定达到目标的流程。

（3）澄清价值。界定个人的选择标准，澄清自己的价值观要求，明确自己最想要的是什么，并将该标准用于评估测量各项备选方案。

（4）找到可能的选择。通过搜集资料，找到可能的备选方案以实现目标。

（5）评价各种可能的选择。依据自己的评价衡量标准，逐一评价各种可能的选择，分析比较各自利弊，找出可能的结果。

（6）有系统地删除不合适的方案，挑选最合适的选择。

（7）开始行动。开始执行行动方案，尽力达成预定的目标。

克朗伯兹的职业生涯社会学习理论特别强调社会及自身遗传因素对自我决策的影响，个人在做出职业选择时不仅要考虑"我想要什么"的个人因素，还需要兼顾"我可能得到什么""我能够做到什么"的社会、遗传等因素的影响。在这个选择过程中，学习的重要性也展露无遗，职业决策被视为一种可以习得的职业技能，这种技能是可以通过教育和学习来提升的。

（三）奇兰特的职业决策过程模式

奇兰特（Gelatt）于1962年提出职业决策过程模式，认为决策是个体一连串的决定，任何一个决定将会影响其后来的决定，因此，决策是一个发展的历程而非单一的事件。这也说明职业生涯决策不是一次选择或一个结果，而是持续不断地做决定，修正的终生历程。决策的基准在于选择有利因素最多、不利因素最少的方案。这个模式特别强调资料的重要性，奇兰特将个人处理资料的策略分成三个系统。

（1）预测系统。预测不同的选择可能会造成的结果，估算出每个行动可能导致该结果的概率，以此作为采取哪种行动方案的参考。

（2）系统。个人对于各种可能的行动方案的喜好程度。

（3）决策系统。评判各种行动方案的标准，其选择取向分为以下几种。

①期望取向，就是选择可能达成个体最想要的结果的行动方案。该方案与个体的职业观相一致，与个体的兴趣、特长最相符，但成功概率小，所以存在着较大的风险。

②安全取向，选择最安全、最保险的行动方案。该方案适合追求稳定的人，但该方案可能与个体的职业兴趣是不一致的。

③逃避取向，避免选择可能造成最不好结果的行动方案。这也适合追求稳妥、不爱挑战的人，选择的结果可能与个体的期望有一定差距。

④综合取向，综合考虑个体对行动结果的需求程度选择的行动方案。该方案成功概率较高，可避免最不好的结果。

做决策的具体步骤：根据自己的需求确定决策目标；搜集与目标有关的信息资料，了解可能的行动方向；根据所得的资料，预测各个可能行动的成功概率及其结果；根据价值系统，估算个人对每个行动方案的喜好程度；评估各种可能方案，选择其中的一种方案执行；若达成目标则终止决定，等待下一个决定的出现；若没有成功，则继续调查其他可行的办法。

（四）丁克里奇的决策风格论

风格是指不同的人在做事方式上所表现出来的习惯性偏好。决策风格是影响决策效果与决策效率的重要因素。丁克里奇（Dinklage）通过访谈研究确定了成人做职业生涯决策时所采取的策略和决策类型。丁克里奇发现个人在决策时有八类风格：冲动型，进行决策时相当冲动，非常随意；宿命型，相信命运，相信可遇不可求，一定要等到必然的机会才进行决策；顺从型，自己无法做主，而顺从他人为自己确定的决策；延迟型，喜欢拖拉，不到最后一刻不进行决策；烦恼型，总是希望尽可能多的收集与决策相关的信息，但又无法摆脱担心和烦恼；计划型，非常理性、有条不紊、按部就班地搜集信息，做出分析并进行决策；直觉型，相信感觉，依据感觉的好坏来进行决策，但又不能具体说明原因；瘫痪型，愿意接受进行决策的责任，但又非常恐惧焦虑，导致不能进行任何实质性的决策。这八种决策风格没有绝对的优劣之分，各有其适用的范围和局限性。决策风格既受个性的影响，又受环境的塑造，并非绝对无法改变。

第二章 就业形势

第一节 当代大学生就业形势分析

近年来,随着教育体制改革和高等教育的不断发展,各高校不断扩招,高校教育已经由"精英化教育"向"大众化教育"转化,全国普通高校毕业生由 2002 年的 140 多万人增长到了 2020 年的 874 万人。而社会对人才的需求数量却并没有明显增长,大学生的就业情况每况愈下,大学生就业也从精英化走向了大众化。高校扩招后,各个高校的生源质量下降,高校的师资、教学资源跟不上学生人数的增长,导致教学质量难以保证。大学生就业已经出现越来越难的趋势。应届毕业生和往届未就业毕业生一起涌到人才市场争取为数不多的工作岗位,就业难的压力如乌云一般笼罩在大学毕业生的头顶上。

一、大学生就业形势现状

(一)毕业生数量增长迅速

持续扩招导致高校每年的毕业生不断增加。而受国际金融环境和金融危机的影响,就业单位提供的岗位并无明显增加,供需矛盾严重,就业难呈逐年增加态势。

(二)社会提供就业岗位极其有限

据统计,2008 年我国有 173 万毕业生待业,2009 年有 196 万毕业生待业,在 2011 年毕业的大学生中,有近 57 万人处于失业状态。因为经济增长能够新增的工作岗位仅 1200 万个,而需要就业的人员总数超过 2500 万人。2020 年,大学毕业生高达 874 万人,为近年之最。2020 受全球新冠肺炎疫情的影响,2020 年很可能成为史上最难就业的一年,大学生就业形势将十分严峻。受 2020 年疫情的影响,不少企业都面临经营受阻、市场受挫、成本上升等难题。

据调查,30.40% 的企业表示将会减员缩编,29.68% 的企业无法为员工按时发放工资,复工首周招聘职位数量同比下降 71.66%,目前,大约有 17% 的人宁愿拿着基本工资也不敢贸然跳槽。

（三）应届毕业生不受欢迎

应届毕业生因为刚刚踏上社会，工作经验及社会经验欠缺，很多公司本着节省培训费或培养成本的考虑，更倾向于选择有一定工作经验的求职者。另外，应届毕业生因为心态不稳定、跳槽率非常高，这也导致很多企业不愿意接收应届毕业生。

（四）热门专业人才过剩

一些高校为了多招学生，不顾自身师资力量、教学资源等条件，不断申报热门专业，导致培养的学生专业知识和技能不精，根本无法满足市场的要求，没有市场竞争力；好多大学生在报考志愿时，不顾自己的特长和兴趣爱好，盲目跟风热门专业，入学后学习兴趣不高或者学习困难，导致专业知识掌握有限，所以也无法满足市场要求。随着产业结构的变化，市场上的所谓热门专业也在不断变化，好多大学生当年报考时的热门专业因为市场原因变得冷落，导致其就业困难。

二、大学生就业现状

（一）签约率较低、工作不够稳定

往届大学毕业生中，有92%的人曾经就业，有8%的人从毕业至今未就过业。在曾经就业的毕业生中，有28%的人目前处于就业状态但希望调换工作，有33%的人累计就业不到1年。

（二）往届毕业生就业愿望更加强烈

从求职方式看，调查列举了"通过老师、亲戚、朋友推荐到用人单位""直接到用人单位咨询""到劳动力市场或人才市场登记应聘""通过报纸、电视、广播等查找招聘信息""利用网络查找招聘信息""通过各类政府或中介有组织的招聘会""用人单位直接到学校招聘""其他"八种不同的求职方式。调查结果显示，应届毕业生中有64%的人仅使用单一方式求职，而在往届毕业生中70%的人选择两种以上方式求职。这说明往届毕业生求职就业的主动性高于应届毕业生。

（三）大学生比较注重网络和市场在求职中的作用

通过对未就业的毕业生求职渠道进行分析得知，往届毕业生求职渠道主要集中在"利用网络查找招聘信息""到劳动力市场或人才市场登记应聘""通过报纸、电视、广播等查找招聘信息"，他们中分别有75%、54%、45%的人通过上述三种渠道寻找过工作。应届毕业生求职渠道主要集中在"利用网络查找招聘信息""通过老师、亲戚、朋友推荐到用人单位""到劳动力市场或人才市场登记应聘"三种方式，分别占34%、25%、24%。虽然应届和往届毕业生求职渠道有所区别，但他们都将网络和人力资源市场作为自己求职的主要方式。

（四）大学生就业主渠道正在向非公有制经济和自主创业转变

调查显示，目前与应届毕业生签订就业协议的单位中，国有企业占40%、私营企业占24%、其他内资企业占14%。私营企业就业人数仅次于国有企业，成为吸纳大学生就业的重要渠道之一。

在接受调查的未就业的应届和往届毕业生中，有34%的人希望自主创业，其中在往届毕业生中想自主创业的人数达到52%；有31%的人希望到私营企业工作，有28%的人希望到跨国企业或国有企业工作。由此可见，自主创业和到私营企业工作，已经成为大学生就业的重要渠道。

（五）多数大学生接受过就业服务

在接受调查的全部往届毕业生中，有81%的人接受过至少一种就业服务，16%的人没有接受过任何就业服务。从享受就业服务项目看，在"求职登记""职业指导""职业介绍""档案管理""培训申请""社保关系接续""鉴定申请""其他"八项就业服务项目中，有41%的人享受过求职登记，有24%的人享受过职业指导，有23%的人享受过职业介绍。从享受就业服务的场所看，为大学生提供就业服务的机构，以公办就业服务机构和学校为主，69%的人到人才市场、劳动力市场和其他社会机构接受就业服务，有24%的人到学校接受就业服务。

（六）大学生对就业前景普遍乐观

在接受调查的全部大学生中，对自己的就业前景持很乐观态度和比较乐观态度的占47%，感觉一般的占42%，没感觉的占7%。在对整个就业形势的判断上，有10%的人认为形势好，如不挑剔，很容易找到工作；有65%的人认为形势一般，理想工作不容易找；有19%的人认为形势严峻，完全找不到工作。接受调查的多数大学生对找到工作抱有信心。

三、大学生就业难问题分析

（一）客观原因

1. 就业的结构发生变化

随着我国工业化进程和经济结构调整速度的加快，社会层面整体的就业结构不但发生了巨大的变化，而且日益呈多元化趋势。这些变化包括产业结构变化、非农产业与农业比重发生变化等。这些变化导致传统的生产部门科技含量大幅度增加、效率大幅度提高，需要的从业人员数量下降。未来10年，我国的就业结构还会发生很大改变，我国目前以工业化带动信息化，信息化促进工业化，工业化迅速发展，各种机器人取代了传统的人工劳动，生产行业的用工需求会持续减少。

2. 用人单位要求较高，设置各种障碍

随着高校扩招，我国每年的大学毕业生数量不断增加，用人单位可选择的余地越来越大，用人单位在招聘过程中常常会故意给刚刚毕业的大学生设置各种障碍。首先，工作经验。很多企业要求有同类工作 2~3 年的工作经验，而对应届毕业生来说，这根本无法实现。有些行业甚至直接不接收应届毕业生。其次，生理条件是应聘学生永远都无法改变的，如性别、身高、相貌等，在这方面女生的境遇要比男生惨淡，许多用人单位有意无意地制造着性别差异，给应聘大学生就业设置了巨大的生理和心理障碍。最后，学历和专业方面。很多用人单位既不考虑大学生的个人能力及对专业知识掌握情况，也不考虑求职者的发展潜力，而是过分在意求职者的学历和毕业学校的名气。

3. 高校专业设置不合理

很多高校在自身发展过程中没有合理规划，办学观念落后，学校的人才培养模式、专业设置及结构与市场需求严重脱节，造成了学生所学专业不符合市场需求的现象，导致了供需的结构性矛盾。还有的学校盲目跟风市场上比较火的专业，不考虑自身的师资情况，完全以多招学生为目的，培养的毕业生在专业领域的能力远远达不到市场的要求。

4. 部分高校对大学生就业指导重视不够

部分高校对毕业生就业工作的重视程度不够，就业工作缺乏系统性和科学性，就业指导力度不够，不但在大学生毕业前才进行，而且仅仅作为一种职业介绍，在某种程度上只不过是脱离实际的泛泛而谈。

（二）大学生的自身原因

1. 一些大学生对职业的期望过高

虽然当前我国的高等教育已经从精英教育转向大众化教育，但不少大学生仍然抱有"天之骄子"的优越感，认为读大学就理所应当有好工作。但是近年来我国高校不断扩招，大学生已不再是计划经济下的"稀有产物"，而是市场经济下的普遍人群。因此，很多大学生在错误的就业观指导下，在工作地域的选择方面，仍然是偏向大中城市。另外，大学生对预期的收入也是抱有很高的期望值，根本没有考虑到社会的现实情况。

2. 盲目追求某些固定的职业

近年来，公务员、律师、医生等职业非常热门，被很多大学生所追捧。例如，报考公务员已经成为当下许多大学生就业的首要选择，虽然成功的机会渺茫，但这仍不能打消大学生对加入公务员职业领域的高涨热情。有的考生一年没考上，可能会两年、三年，甚至是牺牲更多的时间来考公务员。

3. 过分看重专业对口

找工作要找对口的仿佛是大学生就业一个不成文的规定。大学四年寒窗苦读自己

的专业，如果毕业没有对口的工作，对绝大多数大学生来说是不能接受的。如果离开大学四年苦修的专业，而去做一个根本不熟或者没有多少认知专业的工作，大学生不但会力不从心，而且会没有自信。这样使一些大学生忽略自己其他方面的能力，从而大大降低大学生的就业率。

4.综合能力素质不高

有许多大学生在大学四年里只是学会了一些理论知识，而不懂得去应用，缺乏实际动手能力。另外，大学生不注重培养诸如沟通能力、领导能力、团队协作能力等，被认为是有知识却不能很好地融入工作中去的"机器"。

四、解决大学生就业问题的对策

（一）高校方面

高校要改革培养模式，提高学生的实践能力。随着社会的不断进步、科学技术的飞速发展和知识经济向更广阔领域延伸，高校必须更加紧密地联系社会，找到一条适应社会快速发展的途径，拓展新的育人机制，推进适应社会需要的素质教育建设。在抓好学生各门功课的同时，学校要不断提高学生的综合能力和个人素质，提高学生的创新能力、实践能力、适应社会能力和创业能力。当前，高等教育工作重点已经由精英教育向普及的大众化教育转变，大学生就业状况也势必随之发生根本性变化，"千军万马过独木桥"的现象已经一去不复返，越来越多的人可以享受高等教育，大学毕业生必须放下姿态，实现与社会需求的完全对接，因为两者的关系已经由"供不应求"转为"供大于求"，大学生就业趋向于理性化、自由化和市场化。在面对激烈竞争同一个岗位的时候，不同层次、同一专业的大学毕业生要想在竞争中拔得头筹，所在院校的教学质量和办学特色就会成为他们竞聘成功最有效的推动力。

（二）大学生自身方面

大学毕业生应注重职业素质的培养与形成。作为职业化的社会群体，企业只有集合具备必要素质的人员并加以职业化训练，才能达到生存与发展的目的。而作为个人，则只有在就业的过程中不断地修炼和完善自己，提高自己的职业素质，才能获取稳固的生活保障和较为优越的生活条件，进而在精神上得到升华。职业素质日益成为一名大学生顺利就业的事业基础，职业素质包括职业道德、职业礼仪、职业知识、职业技巧等。在"自主择业"过程中，大学毕业生的个人素质正逐步演变成为择业的关键。因此，对一名大学生而言，在日常生活中就要开始注意有意识地培养自己的职业素质，其中着重要注意的是情商的培养，提高与认识自我、控制情绪、激励自己以及处理人际关系等相关的个人能力。

第二节 大学生职业发展的趋势

面对信息时代,规划未来职业,必须善于在动荡的行业之间把握住那些即将发生的趋势。一方面,传统的职业整合了新的运作模式;另一方面,新兴职业层出不穷。了解当前职业发展趋势,对设计个人职业生涯有着重要的意义。

一、职业发展的特点

随着社会的不断进步,职业在不断地分化、重组,新的职业不断涌现,传统职业面临消亡。在我国,由于农业社会、工业社会和信息社会的多元特征并存,目前,第一、第二产业的社会职业以消亡变动和重组为主;第三产业正在迅速发展,如交通运输业、邮电通信业、商业、服务业、金融保险业、信息咨询业、租赁广告业、卫生、体育、教育培训和文化艺术等,尤其是信息产业,发展潜力很大。这些新兴行业的出现和兴起,将为社会提供更多的就业岗位。另外,由于新技术、新成果的不断推广应用,也为传统行业提供了新的发展机遇。

这就使大学生就业时将面临一些新的情况。

(1)劳动岗位中体脑混合且体力劳动所占的比例越来越少,与传统专业绝对对口的岗位越来越少。

(2)劳动岗位的地域空间越来越小,行业特征不像过去那么鲜明。

(3)岗位所需的职业知识和技能更新周期加速,复合程度提高。

这些特征,不但使宽口径、复合型、通用型专业的大学生择业余地较大,而且使用人单位对大学生的非专业综合素质的要求空前提高。

二、职业的变迁和发展趋势

(一)社会职业种类越来越多

随着社会分工的发展和职业的分化,职业的种类已远远超过了"三百六十行"。据有关资料介绍,早在20世纪70年代,全世界职业种类就超过42000种,现在则更多。

(二)社会职业结构变迁的速度越来越快

从农业革命到工业革命经历了数千年,而从工业革命到新的产业革命,不到200多年。在这200多年里,不断出现新的行业,且行业主次地位的变化也越来越快。工业革命时期，主要是纺织业；20世纪，钢铁、汽车和建筑业先后超过纺织业；而电子行业从产生到发展并成为一个主要行业，只用了几十年的时间。

（三）脑力劳动者职位在社会职位总额中所占比例越来越大

据有关资料介绍，1960年美国脑力劳动者占就业总数的43.3%，1997年上升到51.4%。在我国，脑力劳动者和专业技术人员的比重也在不断增加。

据有关专家预测，今后几年我国增长最快的将是以下几个行业：计算机操作与信息处理、院外保健（如家庭护理）、个人供应服务及其他新的服务项目，如咨询、演讲、电话电信服务等。

三、未来职业的发展趋势

（一）21世纪人才需求情况分析

1. 21世纪中国急需的人才

随着我国经济、社会文化和科学技术的发展，我国的产业结构将发生根本性的变化。相关数据显示，未来10年，有较大发展潜力的行业和急需的人才主要包括以下几个领域：电子技术、生物工程、航天技术、海洋开发与利用、新能源、新材料、信息技术、机电一体化、农业科技、环境保护技术、生物工程研究与开发、工商与国际经贸、服务等。

（1）生物技术

生物技术主要是基因工程、蛋白质合成工程以及以生物制品开发为核心的研究领域，将对21世纪人类社会的发展产生重大影响。生物技术的发展将使人类从根本上解决威胁人类的疾病问题，改善人类的生产、生活，甚至人类未来的命运。

（2）以信息技术为主导的高技术

高技术领域的主要技术包括计算机和互联网技术、人工智能技术等。近几年来，计算机技术和互联网技术在世界各国得到迅速发展，从信息技术的发展趋势看，信息技术在未来的科学技术领域仍将飞速发展，并逐渐将当前知识经济中存在的"泡沫"加以平息，使信息技术真正引导世界经济与技术发展的潮流。

（3）新材料科学领域

材料科学是与人们日常生活和科学技术发展密切相关的应用科学领域。人类生产生活中需要各种特殊的高性能材料，如工业和高科技领域需要的各种合金材料、超导材料；用于制造各种芯片的半导体材料；生活中的各种高分子合成材料（用于服装、洗涤用品、美容保健品等）；最近成为新材料技术热点的纳米技术等，这些新材料科学技术的发展带来的高技术产品，切实有效地提高了人类的生活质量和效率。在未来的社会发展中，新材料科学将仍成为科技发展的主导领域。

（4）新能源及相应技术开发领域

当传统能源的石油、天然气、煤炭等主导能源即将耗尽的时候，人类必须寻找新的能源替代这些能源。其中，核聚变能、太阳能、海洋能源、风能、水电能源等将成为未来能源开发的主导领域，并在此基础上，寻找和开发其他新的能源。

（5）空间技术

21世纪将是人类开发外太空的时代，空间技术的发展将为人类开发和利用太空资源提供技术手段。随着科学技术的发展，人类对太空的利用也越来越多，效率也不断提高，如遍布地球外层空间的用于通信、军事、地理遥感、天气观测、天文观测等领域各种卫星、用于做各种材料合成实验、科学实验和太空中转站的太空站，在地球以外的空间进行空间探索的宇宙飞船等。未来，人类将对太空进行进一步的开发，如建立太阳能太空发电站，在太空建立人类居住的太空城，开发外太空的行星、天然卫星、小行星等天体上的矿物资源和能源等，这一切都需要先进的空间技术支持。

（6）海洋技术与海洋资源开发

海洋资源是人类赖以生存的重要资源库，它是人类的食品和原材料的重要来源，而目前人类对海洋资源的开发是非常有限的，对海洋资源的合理开发和利用将对人类社会经济与技术的发展产生重要的影响。

上述六个领域的技术在未来的社会发展中可以形成九大科技产业，这些产业包括生物工程产业、生物医药产业、光电子信息产业、智能机械产业、软件产业、新材料开发与制造产业、核能与太阳能等新能源开发产业、空间技术与开发产业、海洋技术与开发产业。

2. 21世纪中国社会的主导职业

据我国的人事管理机构对我国未来急需人才的分析和预测，我国21世纪的主导职业包括会计、计算机、软件开发、环保、健康与保健医药、咨询服务、保险、法律、老年医学、服务、公关与服务、市场营销、生命科学、咨询与社会工作、旅游管理与服务、人力资源管理等十六个行业。具体内容如下。

（1）会计类

随着社会经济的发展和财务管理的规范化，各种企事业单位对会计人员的数量需求也在增加，会计的社会地位和收入相对较高。会计行业的从业者应具有助理会计师、会计师和高级会计师等不同职称或专业资格认证的专业人才。会计类人员一般需要具有会计专业、财经专业、统计学专业等专业的学历或学位，并通过国家各等级的会计师资格考试，获得会计师上岗的各种资格证书。

（2）计算机技术类

随着计算机技术的发展和广泛应用，计算机硬件、软件的开发、应用和维护成为社会各行业工作的重要组成部分，并配置部分计算机技术人员从事计算机软硬件方面的安装、调试和维护工作。因此，在各行业（如银行、医院、政府部门、企业等）对计算机技术方面的专业人才的需求也越来越大，计算机类人员待遇也比较优厚，这些行业需要的专业人才包括计算机硬件工程师、程序员、网络管理员、系统维护专家及数据库管理人员等，计算机类人员要获得计算机、信息技术、电子技术或相关专业的学历或学位。

（3）计算机软件开发类

计算机技术的普及促进了计算机软件业的飞速发展，软件开发成为计算机行业的重要开发领域，软件设计专家成为软件开发业的热门人才。软件开发专家主要从事操作系统、开发工具、应用软件等计算机软件的开发工作，要求具有计算机软件专业或相关专业的学历或学位，并具有一定的软件开发经验。这项职业在未来相当长的时间里，会成为社会的高技术含量和高待遇的职业。

（4）环境保护类

随着环境污染的加重和国家与公众环保意识的增强，社会对环境保护类专业的人才需求将呈直线上升趋势。环境保护具体包括环境监测、环境质量评价、环境治理（环境工程）和环境卫生等方面的工作。环境保护类人员需要环境科学、地理学、生物学、环境化学、环境工程学等方面的专业人才。

（5）中医和健康医学类

随着人们对自己的生活状态和健康状况的关注，健康医学应运而生，医用保健品的市场也越来越大，中医学和健康医学成为一个受大众关注的领域。由于西医对一些疑难病症的疗效不大，而中医在辩证治疗和整体治疗方面不但具有独到之处，而且与当今的生物制药领域有密切的关系。因此，社会对中医师和健康医学人才的需求量将逐渐增加。通常中医和健康医学类职业的从业者需要获得生物医学或中医学专业方面的学历或学位。

（6）咨询服务类

当今的社会是一个信息膨胀的社会，信息获取已经成为科学技术发展和商业运作的关键环节。社会分工的精细化和专门化促进了信息咨询与相关咨询行业的发展，并成为社会发展和进步的一个主导职业。目前，社会的咨询行业有企业咨询、心理咨询、信息咨询（包括各种信息服务咨询）、教育咨询等。从事咨询业需要具有教育学、心理学、管理学、信息科学、经济学等方面的学历或学位。

（7）保险类

社会经济结构的变化和各种不可预期的因素给人们的工作和生活增添了很多不确定因素，这就需要有完善的社会保障体系，社会保障体系的不断完善促进了保险业的发展，保险业的发展可以将人们生活中的不确定因素造成的损失降低到最小的限度。

社会对保险业务员、管理人员、精算师和索赔估价员的需要也不断提高。其待遇也高于一般的职业。一般从事保险业的人员需要具有保险专业、金融专业、经济类专业、管理类专业的学历或学位。

（8）法律类

随着社会的发展和进步，法律法规不断健全和完善，国家颁布的各种法律法规会越来越多、越来越详细，从事司法工作的政府机构（如法院、检察院）也需要高素质、高学历的法律人才。同时，为了更好地开展法律咨询和处理各种刑事与民事案件，律师的需求量将越来越大，律师行业将成为一个高智力、高社会地位和高收入的职业。从事律师行业需要具有法律或其他任何专业领域的学历或学位，并获得国家的律师资格证书。

（9）老年医学类

人口老龄化是我国面临的一个严峻问题，随之而来的是老年人的医疗、社会保障、心理问题等一系列社会问题，如何解决这样一个庞大群体的需求成为一个重要的问题，社会将急需医学、老年医学、健康保健和护理等方面的专业人才来从事老年人医疗保健事业。另外，如此大的社会需求也将为这个行业的从业者带来丰厚的经济回报。

（10）家庭护理和服务类

社会生活和工作节奏的加快使家庭成员的压力增大，照顾病人、老人和孩子成为年轻人和中年父母的沉重负担，家庭护理的需求量也因此得到大幅度增加。相关的热门专业为幼儿教师和家庭服务人员，这类人员通常不需要很高的学历。但是，对这个行业的管理者，则需要具备社会服务、管理学等方面的学历或学位的专门人才。

（11）专业公关类

公关和企业形象设计对一个公司或企业的发展至关重要，公关行业因此成为极有发展前景的职业，该职业的从业者一般需要获得公共关系学、社会服务类、经济贸易类、管理类等专业的学位，并具有相关的工作经验。

（12）市场营销类

市场营销对企业产品的销售来说是非常重要的一个环节，在当今和未来社会的发展过程中，产品的独立承销商和销售网络的建立将成为企业运作的主要形式。这些承销商和销售网络同时负责为公司进行广告宣传和相应的技术或销售服务。证券及金融业、通信、医疗器械、计算机与网络设备、一般的商业机构（如商场）等以经营商品或某一产品的企业或公司均需要市场营销方面的人才。从事市场营销类专业的人员一般需要具有市场营销学、管理学、经济类专业的学历或学位。

（13）生物化学和生物技术类

生物化学和生物技术是近些年科学研究与生物技术开发的一个热门领域，该领域在生物制药、保健品开发、治疗疑难病症药品的研制、人工蛋白质的合成等方面有巨大的发展潜力。目前的新药主要是生物化学家与生物技术专家开发出来的，并对治疗和预防疾病起到了重要的作用。生物化学和生物技术领域的从业者一般需要具有生物化学、生物技术、生物医学、分子生物学等专业的学位。

（14）心理学类

自1997年教育部在北京师范大学等几所重点院校建立了心理学理科基础研究人才培养基地起，国家在心理学领域的投入力度逐年加大，心理学科也逐渐成为一个受国家和社会关注的专业，如从事市场研究、人力资源开发、心理咨询与心理治疗、学习障碍的矫正、教育、心理学研究、人机交互作用的研究等均需要大量的心理学人才。在中国，心理学作为一个新兴的学科，也得到国家政府部门、社会各行业的广泛关注和重视，并在社会的各领域中得到了广泛应用。从事心理学方面的从业者需要获得心理学或应用心理学专业的学位。

（15）旅游类

随着人们收入和生活质量的提高，其在户外娱乐、休闲和旅游活动的金钱和时间上的投入也逐渐增加，从而促进了旅游业迅速发展。旅游业是投入少、收益高的行业，利润较为丰厚，随着旅游业的迅速发展，随之对旅游代理公司的需求将大幅度增加，同时也将带动相关产业的迅速发展。旅游业的发展将促进社会经济的全面发展，因此，旅游业成为国家重点开发的产业之一。旅游业的从业者一般需要具有旅游管理或管理学、地理学或相关专业的学历或学位。

（16）人力资源类

目前，无论是政府机构还是企业，都建立了专门负责招聘人才的人事机构或人力资源部，其职能已不再是对传统的人才的档案管理，而是招聘和培训员工，使人尽其才、物尽其用，从而最大限度地开发人力资源的潜力，创造最大的社会效益和经济效益。由此，人力资源管理也备受企事业单位的重视，并成为政府机构和企业的重要职能机构。在未来的社会发展中，对人力资源专家的需求也将不断增大，从事这方面职业的从业者需要具有人力资源管理、心理学、管理学等方面的学历或学位。

3. 21世纪中国最有发展前景的行业

根据社会学家和经济学家的预测，随着中国市场经济的发展和经济结构的调整，各行业在社会发展中的地位和发展潜力也在发生变化。某些行业社会需求的增加促使其蓬勃发展，并成为未来社会发展的主导产业。具体行业包括以下内容。

（1）网络信息咨询与服务业

当今的时代是一个信息时代，信息网络技术的发展使人们对网络信息的依赖越来越大，故而，网络信息服务也成为社会上一个重要的行业。这个行业包括网上购物、商业信息服务、网络安全、广告媒体服务、技术信息咨询与服务等。

（2）房地产开发业

随着国家住房政策改革和住房的商品化，房地产开发业成为一个繁荣兴旺的行业，并因此带动了与之相关的房地产开发、咨询、销售业务、物业管理、租借、二手房转让行业的迅速发展。房地产开发不但拥有巨大的市场，而且具有较高的利润回报，因此，受到众多房地产投资者的青睐。

（3）社会保险业

随着国家经济的发展和社会保障体系的不断完善，人们的安全防护意识也逐步提高。对一般家庭而言，都比较看重花少量的金钱，来保证家庭财务和成员的生命安全，因此，保险业也日益受到人们的重视。

（4）家用汽车制造业

国家经济的飞速发展和人们物质生活水平的不断提高，让家庭对汽车的需求量也呈不断上升趋势，个人对家用汽车的需求将在今后相当长的时间内持续上升，这时给家用汽车制造业带来前所未有的机会，商家也将从中获得丰厚的利润。另外，家用汽车市场的发展还将带动汽车配件、维修以及相关的技术产品生产业等行业的发展。

（5）邮政与电信业

在当今快节奏、高效率的时代，人们对信息传递快捷性、同步性的要求越来越高，对相关通信产品（如电话、手机、传真机）以及通信服务的需求也越来越高，中国通信市场的开发潜力巨大，这将给通信业带来新的机遇和丰厚利润。

（6）老年医疗保健品业

根据专家预计，我国未来50年，中老年人口的发展趋势为老年人口将以年均3.2%的速度递增。实际上我国的人口年龄结构已经转变为老年型人口，我国提前进入了老龄化社会。老年人比例的增大带来很多医疗、保健、社区服务等方面需求的增加。因此，从事老年人保养品、药品、生活必需品、社区服务等行业将具有很大的发展前景，并形成一个独特的产业。

（7）妇女儿童用品业

随着人们对生活质量要求的提高，尤其是妇女和儿童对服装、化妆品、洗涤用品以及她（他）们在生活中的一些必需品的需求也越来越大，在这些用品上的投入也较高，从而带动了相关产业的迅速发展，在未来的社会发展中，这一行业仍然有巨大的发展潜力。

（8）旅游休闲及相关产业

人们生活水平的提高以及节假日数量的增多，外出旅游休闲成为人们生活中一件很平常的事情。人们旅游休闲的机会越来越多，这不仅带动了旅游业的发展，而且带动了服务业、运动产品、体育场馆、旅行社、旅游产品等行业的繁荣和发展，形成了一个促进经济发展的强大产业。

（9）建筑与装潢业

国内城市居民住房的商品化，带动了装修业的发展，室内装饰产品和装修工程承包业成为一个获利丰厚的行业。据有关部门的统计资料表明，当前城市居民装修住房的投入在 5 万~10 万元不等，由此促进了装饰材料业的发展。

（10）餐饮、娱乐与服务业

社会生活节奏的加快使人们对快餐业的需求增加。虽然国外的西式快餐业在中国迅速发展，但是，西餐式的快餐业更多的是针对儿童市场。对大多数中国的成年人来说，更习惯中国式的快餐，因此，中式快餐业在未来社会发展中将占有重要的地位。

（二）世界未来职业发展趋势展望

随着世界经济、社会文化和科学技术的发展，社会的行业结构将发生很大的变化，未来社会对人才需求的情况也会发生重大的调整。根据关于未来职业发展趋势的调查分析，未来，将形成 20 个主导行业，具体内容包括以下几方面。

1. 法庭会计师

随着社会经济的迅猛发展，经济犯罪的情况也越来越多。在我国，保险业、证券交易业等正处于发展阶段，由于法律与管理监督体制尚在逐步完善中，因此，导致大量经济诈骗案件的判罚难度增加。

综合来看，在未来社会发展的过程中，法庭会计师对各种经济犯罪与经济纠纷案件的判罚将起到非常重要的作用。从职业特点和应掌握专业知识的角度分析，法庭会计师应兼具法律和会计学方面的专业知识，并取得相应学科或专业的学位。与法律和会计学相关专业毕业的本科以上的专业人才，如律师、会计师等均有机会从事该专业领域的工作。

2. 广告业（传媒策划者）

随着社会竞争的不断加剧，各种应用产品和技术为争取各自的市场份额，商家与技术开发商不惜花费重金在主要媒体上对自己的产品和技术进行广告宣传，广告业也因此获得丰厚的利润。商家与技术开发商在推销自己的产品和技术时，为了使消费者了解与认同自己的产品和技术，电视、广播、报纸、杂志、互联网等媒体便成为他们的主要宣传工具，从而给广告业（或称为传媒策划业）带来无限商机。传媒策划者充分利用这样的商机，帮助希望投放广告对自己的产品和技术进行宣传的商家与技术开发商进行策划，以达到最佳的宣传效果并获得丰厚的广告利润。

从事广告业者通常需要具备现代艺术、心理学、广告学、传播学或相关专业的学位，并在这些专业领域具有某一方面的特长，电视、广播、互联网、报纸等新闻媒体行业的从业者在广告业中具有"近水楼台"的优势，他们是各大商家关注的主要宣传媒体。因此，在未来的社会发展中，这些行业和在此基础上衍生出来的广告公司在广告收入上将获得非常大的收益。

3. 文化艺术与娱乐

在文化艺术与娱乐领域，编辑与导演是该行业的核心从业者。编导人员可以通过计算机、音像制作工具等把生动的图像和声音转化成数码的形式，并在此基础上将制作的场景和声音进行动画制作与特殊处理，再创作出形式多样的场景，达到欣赏和娱乐的效果。在一部完整的音像作品中，编辑、导演和技术人员需要花费大量的时间制作一个场景或镜头，很多编辑整日整夜地工作，以满足导演想看到的各种场景，这种情况是很常见的。此外，从娱乐业未来发展的趋势来看，演员、音乐制作人员等娱乐业从业者的发展是非常有前景的。

随着社会节奏的不断加快和人们物质生活水平的提高，人们对精神生活的要求也越来越高。这就需要有大量的影视和音乐制作人为人们不断提供新的作品，以满足人们的文化和娱乐生活的需要。从事影视制作方面工作的从业者应该具有计算机专业的学位和影视制作方面的专业知识和技能，从助理制片开始逐步发展。从事娱乐行业的从业者需要具备表演方面的专业知识，这样才有更多的机会从事这方面的工作。

4. 咨询业

企业咨询、诊断与经营顾问，可以帮助企业解决其内部各部门在具体运作中存在的问题，并针对这些存在的问题，为企业经营提供一个解决现存问题和带来新的经济效益的经营计划与建议。随着社会经济结构的调整和社会竞争的加剧，社会对从事咨询方面专业人才的需求越来越大，咨询业将成为未来社会的一个主导行业。从事该领域职业的人要求具有贸易学、会计学、心理学、社会学、金融和管理等方面本科或硕士以上的学位，并具有一定的实践经验。

5. 教育

未来社会的竞争从根本上讲是人才的竞争，这就要求人才培养机构培养大量适应社会需求的人才，而教育是培养人才的重要途径。在未来社会发展中，从事职业培训、各种水平的高等教育和学位教育，以及特殊职业领域的特殊教育（如卫生与健康教育、音乐与美术教育等）将成为社会人才培养的主要渠道。另外，中小学生身心发展与学习能力的提高也需要有更多的经过心理学和教育学训练的教师，因此，在未来社会发展过程中，教育行业将成为一个重要的职业。通常，从事教育工作的从业者需要受到心理学、教育学知识方面学科知识的培养和特殊教育技能方面的训练，并具备大学以上学历。

6. 化学工程

化学工程主要是研究原材料合成的化学原理，以及如何通过化学过程技术手段生产出与人们日常生活密切相关的化学产品，以满足人们日常生活的需要，从而进一步提高其生活质量。化学工程是新材料开发和生产的一个重要的专业手段。在人们的日常生活中，大多数的衣、食、住、行等方面的必需品都是经过化学合成的手段生产的。

如我们穿的各种面料的服装、使用的各种洗涤用品和卫生用品、建筑和装修的各种材料等。化学工程职业要求从业者具有化学工程的学位或与化学工程有关的专业学位（如生物技术和生物工程、分子生物学等）。

7. 交叉学科的专家

在近十几年的科学与技术的发展过程中，跨学科和跨领域的研究越来越受到各国的高度重视。随着各专业领域科学技术的飞速发展，对某一专业领域问题的研究也越来越深入，同时，人们也发现为解决某一领域内的前沿问题时，往往不是本学科的专业知识和技术就能独立完成的，需要有其他学科专家的参与或学习其他领域的专业知识。

从当前的科学研究情况分析，跨学科和跨领域的科学研究最容易出成果。许多国家都在组织专家开展跨学科、跨领域研究方面做了大量的工作，同时也获得了许多研究成果。如脑与认知的跨学科和跨领域研究，环境科学与生物学，化学和地理学的跨学科和跨领域的研究，高技术在各个行业的研究、生产实践活动中的广泛应用等。在未来的社会发展进程中，跨学科和跨领域的研究与协作将成为未来科学发展的一个主导的方向，人类社会的科学技术也将因此而得到迅猛的发展。从事该领域职业的从业者要求具备所从事专业的学科知识和专业训练技能，同时掌握相关学科的专业知识和发展动态，最好是经过不同专业学习或训练的专业技术人员。

8. 医学

随着社会的发展和科技的进步，医学在人们日常生活中的作用越来越大。如今，医学的发展不仅仅是为了治疗疾病，还致力于如何使人们生活得更好。因此，保健医学迅速地发展起来，形成了医学领域的一个重要分支，并在此基础上产生了各种研究、开发和生产保健品的产业，如当今市场上常见的各种健脑的保健品、美容的保健品、调节内分泌和生理功能的保健品等。随着保健品市场的不断规范和完善，这个领域也越来越受到大众的关注和青睐。从事医学保健职业的从业者需要有医学、生物技术、生物工程等方面的学位。

9. 市场营销

市场营销是企业经营管理的一个重要环节，一个企业的经营业绩与市场营销策略和营销方案是直接相关的。随着市场竞争的不断加剧，各大企业不惜重金加大其在市场营销这一环节的人才培养和资金投入力度，以取得最大的市场份额，为企业赢得最多的利润。市场营销的主要工作是向购买方或消费者宣传自己的产品，并通过组织各种订购会、展销会等促销活动，对产品或技术问题进行解释，扩大产品的影响，提高市场占有率，从而使企业的信息服务管理规范化、合理化。对从事市场营销的人员一般需要获得工商、管理、市场营销、经济、贸易等方面学位，并具有一定的管理和销售经验。

10. 生物制药（医药开发）

生物制药主要是通过分子生物学技术、生物工程和医学的技术手段，开发和生产各种生物类药品，目前生物制药已经成为人类治疗疑难杂症的一个重要领域，随着医学技术的不断发展，生物制药将在攻克癌症、艾滋病、遗传病等疑难杂症方面发挥重要作用。从事生物制药的人员要求较高，一般的专业人员至少具有分子生物学、生物医学、生物技术、生物化学、药学、免疫学等专业的学士或硕士以上学位，中高级专业人员应具有上述专业的硕士或博士学位或具有高级研究员的经历。

11. 计算机技术

20世纪80年代以来，计算机软件和硬件技术飞速发展，如今，计算机技术与网络信息、通信等技术的结合，已经成为世界高科技发展的主流趋势之一。计算机技术领域职业的从业者需具有计算机或相关专业的学位。

12. 通信

20世纪90年代以来，信息传递需求的增加促进了移动电话的发展。移动电话的迅速发展在全球形成了庞大的通信产业，出现了几家大的通信产业公司，并促进相关产业（如芯片生产、卫星航天、空间技术等）的迅速发展。这种通信技术所带来的收益是非常丰厚的，从事通信方面的从业者待遇相对较高。通信职业的从业者需要具备商业、通信、经营管理等专业的学位，有管理、销售或技术开发经验或背景的人均可应聘该行业的不同的职位。

13. 电子工程技术

工程技术的电子化、集成化和系统化促进了电子工程技术的发展，同时也促进了电子工程技术在社会各行业中的广泛应用，使社会各行业对电子工程技术的人才需求也大大提高，尤其是电子工程设备安装和维护人员。电子工程技术方面的技术人员不仅需要了解电工知识，而且要掌握一定的计算机基础、设备安装调试和维修的专业技术等知识。因为在现代的建筑中计算机技术已经被应用于各个角落中，如程序控制的电力系统、电脑照明与监视系统、管理系统被广泛应用于办公建筑和生活建筑中，因此，作为一名电子工程技术人员，应该对这些设备与技术有一定的掌握和了解。电子工程技术职业的从业者应该具有3~5年的实践经验，即至少8000小时的工程安装和维修经历及1000小时的专业培训，或具备电子工程技术方面的专科或本科学历。

14. 金融（商业系统分析员）

金融业是社会经济发展的强大后盾，金融业的发展为企业的发展和人们的生活提供了便利条件。随着计算机和网络技术的发展以及其在各行业的广泛应用，金融业管理和经营的网络化已经成为金融服务的主要形式。各种金融业（银行、证券等）主要通过网络系统为顾客服务，顾客只需要将登录网络的终端系统便可以随时随地获得相应的服务。在金融业中，一方面，需要金融专业的人才来从事金融行业的专业工作；

另一方面，需要商业系统分析员，来从事金融网络建设、管理和技术维护方面的工作，两者只有紧密的合作，才能使金融业正常运营。金融职业的从业者需要熟练掌握金融学和计算机系统的专业知识，获得相应的专业学位，了解必要的计划管理、财务、会计学方面的知识对其就业是有帮助的。

15. 公共事业

随着社会节奏的不断加快，人们的工作和生活压力也越来越大，因此，公共事业服务就显得尤为重要，公共事业也因此不断发展，并成为社会上的一个重要的职业。可以说，无论是双职工普通家庭，还是不断增加的高收入者，对普通公共事业服务的需求都非常大。此外，随着社会的发展，完善的社会服务与社会保障体系的建立也是一个国家和社会发展的主要标志。由公共事业服务而发展起来的产业包括清洁业、物业管理、公共卫生与健康保健、社区服务、社会保障体系的建立、社会福利体系的建立等。这些服务性的行业本身也会给就业者带来无限的商机。公共事业职业的从业者（经营管理者）需具备公共事业、管理学、社会工作等方面的学历或专业培训，并具有相关的工作经验。

16. 社区医疗服务

社区医疗服务一直是医疗工作者倡导的一种理想的医疗服务方式，在科学技术飞速发展的今天，这已经不再是一个梦想。在发达国家，社区医疗服务已经成为一种普遍的医疗服务方式，在一个特定社区有相应的医疗服务机构，这些医疗机构向该社区的人们提供医疗保健服务。

在医疗诊断方面，主管医生通过互联网和计算机的病案记录可以对一个病人进行会诊，并提供诊断与治疗方案，如今，这种就诊方式已经逐渐被广泛应用，在我国也已经开始远程诊断与治疗方面的工作。总之，随着社会的进步和科学技术的发展，社区医疗服务将成为未来社会的一个重要的职业。社区医疗职业的从业者需获得医学、健康和信息管理等相关的学位，并具有政府部门认证的资格证书。

17. 社会工作

社会工作从业者主要从事护理方面的工作，协助病人完成日常生活中的事务。社会工作者尽力满足病人的需要，协助病人获取药物和其他方面的治疗，获得教育和合法救助等。从事社会工作职业需要获得大专以上的学历或者经过专门的培训。

18. 信息与网络技术

随着信息与网络技术的发展，互联网已经成为信息获取、发布、产品宣传、通信、数据的获取与传输、商业活动等的重要手段。人们通过网络获取各方面的信息，如获取商业信息、就业信息、医疗保健信息、查阅专业的资料文献、了解国内外的新闻事件、娱乐信息等，甚至在网上娱乐休闲（如聊天、交友、听音乐、看电影）、购物、参与教学与培训、进行证券交易活动等。如今，网络已经成为很多人生活中必不可少的组成部分。从事信息与网络技术工作的人也因此获得很高的收益。信息与网络技术职业的从业者需要具有计算机、通信、电子学、信息科学等方面的学位，或者获得国际上通用的技术认证证书，如微软公司技术认证、其他互联网公司的技术培训等。

19. 法律

法律方面的工作在西方一直是众多人梦寐以求的职业，并成为高智商和高收入从业者的象征，从业者具有较高的社会地位。社会和科技的发展使违法与犯罪技术含量增加，因此，就需要高能力、高智力和高水平的法律工作者来解决这些问题。近几年，由于知识产权引起的专利权、商标权、版权方面的纠纷逐年上升，解决这方面问题的法律问题也成为人们关注的热点。从事法律专业职业的从业者除有律师资格外，还应有一个技术或自然科学方面的学位，并具有法律工作方面的实践经验。

20. 执法（犯罪分析家）

随着社会科学技术的发展，高科技犯罪已经越来越普遍，各国面临的制止和破获高科技犯罪的任务也越来越艰巨，这就需要掌握高科技知识和技术的专业人才来从事这方面案件的破获工作。比如，在处理连续性的盗窃案件时，可以通过计算机描绘盗窃案时间、地点以及相关的信息，犯罪分析家可以用计算机描述与图例软件判断出罪犯下一步将于何时何地作案。又如，网络警察（高技术网络专家）处理网络犯罪等。从事执法方面的职业从业者要求具有计算机方面的专业学习和训练，同时具有法律、公安、犯罪学、心理学等方面的专业知识。

第三节 专业与职业

一、什么是专业

专业泛指专门学业或专门职业，如干部专业化、生产专业化、分工专业化、专业化经济、专业化制作、专业户等。就学业来说，专业是指教育机构培养专门人才的专业门类。大学设置专业是大学培养人才的重要特征。

关于专业设置有三点需要说明。

（1）专业设置有人才培养规格的要求。一个大学生只有完成专业教学计划规定的学习任务，才是一个符合该专业培养规格的合格毕业生。

（2）专业设置兼顾了职业群的要求。大学本科的专业设置是以学科为主进行划分的。学科有其自身的科学体系和内涵，虽与职业有联系，但不紧密。高等职业学校和高等专科学校专业目录中的532种专业，兼顾了职业群的要求，建立了专业与职业（职业群）较紧密的联系。大学生除完成专业学习外，还可以跨专业选修课程，以满足自己职业规划的需要。

（3）专业受社会需求发展变化制约。那种"上了大学就有一个好职业"的时代，随着"精英"教育时代的结束而结束了。

二、专业与职业的关系

专业是学业门类，职业是工作门类，专业与职业之间包括以下四种关系。

（一）专业包容职业

在这种情况下，个人的职业发展一直在所学专业的领域内，选择的职业与学习的专业相吻合，能够做到学以致用。

（二）专业为核心，职业包容专业

个人的职业发展以所学专业为核心，并向外扩展。这种情况下，选择的职业与学习的专业虽然方向一致，但职业发展超出所学专业领域，需要根据自己的职业规划，在学好专业的基础上通过选修、自学来提高自己所从事职业的素质。

（三）专业与职业交叉

以专业为基础发展职业，个人的职业发展在所学专业基础上有重点地沿某一方向拓展。所学专业在个人职业发展中仍有重要意义，这就需要在职业生涯规划的指导下，在学好本专业的基础上，同时辅修或自学自己规划将要从事具体工作所涉及的其他专业课程。

（四）专业与职业分离

个人规划要从事的职业与所学专业基本无关，所学专业的某些方面在个人职业发展中有一定的重要性，但方向并不一致，这时应尽早调整专业，若为时已晚，就应辅修其他专业。

三、基于专业的职业信息分析

从你所学的专业出发，分析本专业所对应的职业群的相关职业信息，了解并把握你的专业与未来职业的关系。

对高等职业学校的专业而言，每个专业的人才培养方案制订的基础就是对专业与职业的关联性分析，翻开所学专业的人才培养方案，我们可以从以下三个方面了解你所学专业对应的职业信息。

（一）与本专业对应职业群有关的职业资格

例如，财经类专业的学生不但应了解与会计有关的职业资格，还应了解统计、金融、保险、证券、仓储等职业资格，甚至推销、秘书的职业资格。仅就会计而言，应知道至少有四类证书与职业生涯有关：一是会计上岗证和会计电算化证，这是具有从业资格的基本条件；二是注册会计师证、资产评估师证等，这是今后能否具有执业资格的证明；三是专业技术职务证书，如助理会计师、会计师、高级会计师，这是专业水平的体现；四是跨职业的能力水平证书，如外语、计算机、普通话和汽车驾驶证等，这或者是与取得第二类、第三类证书有关的证书，或者是与提高求职成功率有关的证书。对于这些证书，你不但要分清种类和功能，而且要知道取得这些证书应具备的学识、技术和能力，即资格标准。这是你结合自己的专业方向进行职业生涯设计的基础。

（二）科技进步对本专业对应的职业群及相关职业群的影响，以及这些职业群的演变趋势

在分析中你必须明确，现行的职业资格标准是职业岗位的现实需要，职业不但会随科技进步而演变，职业资格标准而且会不断调整。因此，你不但要努力学习，为今后一生做好铺垫，还要树立"活到老、学到老"终身学习的观念。

（三）与本专业相关的职业机会与前景

例如，物流专业。加入WTO使中国的大门逐步打开，跨国快递公司在中国的人才需求也随之剧增。联邦快递预计，在未来的几年里，其每年的员工队伍将以20%（300人左右）的速度增长。而在其他行业的需求上，最缺乏的物流专业人才是中高级物流策划管理与营销，最好是既懂得营销管理又懂得策划，还懂得如何运用现代技术去改善、优化原有操作模式的人才。显然，刚毕业的大学生在工作经验上难以胜任这些岗位。但经验是要积累才有的，你完全可以通过在操作岗位以及低级别管理岗位上的锻炼来达到这一水平。

第三章 就业指导

第一节 国家劳动准入制度

一、就业准入制度

1. 就业准入

国民经济的各行各业不但需要一大批科学家、工程师和经营管理人才，而且迫切需要数以千万计的高技能人才和数以亿计的高素质劳动者。近年来，我国实行了就业准入制度和职业资格证书制度，这是规范我国劳动就业市场，保证从业人员质量，促进我国职业教育发展的两项重要制度。

所谓就业准入制度是指根据《劳动法》和《职业教育法》的有关规定，对从事技术复杂、通用性广、涉及国家财产、人民生命安全和消费者利益的职业（工种）的劳动者，必须经过培训，并取得职业资格证书后，方可就业上岗。实行就业准入的职业范围由劳动和社会保障部确定并向社会发布。

2. 实行就业准入制度的原因

当前，由于产业结构调整和生产技术改变而产生大量的结构性失业现象。一方面，越来越多的劳动者发现职场上适合自己的工作岗位太少；另一方面，广大雇主却在埋怨要招到自己所需要的技工越来越难。由于我国劳动力的整体素质低，生产服务第一线的技能型人才，特别是高技能人才严重不足。原劳动和社会保障部副部长胡晓义2006年在合肥透露，目前，在我国2.7亿城镇从业人员中，获得国家职业资格证书以及具有相当水平的技能劳动者只有8720万人，只占从业人员的33%。高级技师、技师、高级技工这些高技能人才只有1860万人，只占技能劳动者的21%。根据规划，到"十一五"末，我国技能劳动者将达到1.1亿人，占城镇从业人员的比重将提高到40%，其中，高技能人才将达到2750万人，占技能劳动者的比重将提高到25%。虽然比例将有所提高，但仍严重地滞后于我国经济的发展速度，影响我国经济又好又快地发展，面对这一状况，2002年，全国政协会议上王军伟委员提交了"全面推行劳动准入制度"的提案,他指出,我国人力资源在数量上占世界第一,但训练有素的高质量劳动者却十分匮乏。

实践证明,凡是经过必要的职业培训,具备劳动力市场需要的职业技能的劳动者,在就业中就会处于优势地位,即使将来下岗失业也能在短期内通过自己的努力实现再就业。相反,则会处于不利地位。因此,必须通过严格地执行就业准入制度,促进劳动者主动提高自身的技术业务素质,实现劳动力资源的合理开发和配置,并使其纳入良性发展轨道。

二、《中华人民共和国职业分类大典》和就业准入工种

(一)《中华人民共和国职业分类大典》

1999年5月,《中华人民共和国职业分类大典》(以下简称《大典》)正式颁布并施行。

《大典》按照工作性质同一性的基本原则,对我国社会职业进行了科学划分和归类,将其归入8个大类,并具体划分为1838个细类(职业),比较全面客观地反映了当时我国社会职业结构状况,是我国第一部对职业进行科学分类的权威性文献。2004年8月起,原劳动和社会保障部建立了新职业信息发布制度,对职业分类与职业标准开发实行动态管理,并通过信息发布制度,系统介绍新职业名称、定义、主要工作内容以及从业人员状况等情况。

《中华人民共和国职业分类大典(2015年版)》(以下简称2015年版《大典》)参照国际标准职业分类,从我国实际出发,按照以"工作性质相似性"为主,以"技能水平相似性"为辅的分类原则,对我国社会职业的划分与归类进行了修订,全面客观地反映了现阶段我国社会的职业构成、内涵、特点和发展规律。2015年版《大典》延续了1999年版《大典》中大类、中类、小类和细类的职业分类体系,调整后的职业分类结构为8个大类、75个中类、434个小类、1481个职业,并列出了2669个工种,在分类上更加科学规范、结构上更加清晰严谨、内容上更加准确完整。

实践证明,新职业的开发,对引导职业教育和职业培训改革、规范企业用工和从业人员从业行为、促进就业和再就业、完善劳动力市场建设、加强人力资源能力建设具有重要作用。

(二)就业准入工种

国家劳动和社会保障部根据国家经济和社会发展的要求,以及各行业职业的特点、性质,规定从2000年7月1日起在全国范围内对90个职业实行就业准入。而随着我国经济的飞速发展,科学技术水平的不断提高以及各行各业规范化的发展,最终达到绝大多数职业岗位都将实施职业资格证书制度。

依据《中华人民共和国职业分类大典》确定的持职业资格证书就业的 90 个工种包括以下内容。

1. 生产、运输设备操作人员（47 个）

车工、铣工、磨工、镗工、组合机床操作工、加工中心操作工、铸造工、锻造工、焊工、金属热处理工、冷作钣金工、涂装工、装配钳工、工具钳工、锅炉设备装配工、电机装配工、高低压电气设备装配工、电子仪器仪表装配工、电工仪器仪表装配工、机修钳工、汽车修理工、摩托车维修工、精密仪器仪表修理工、锅炉设备安装工、变电设备安装工、维修电工、计算机维修工、手工木工、精细木工、音响调音员、贵金属首饰手工制作工、土石方机械操作工、砌筑工、混凝土工、钢筋工、架子工、防水工、装饰装修工、电气设备安装工、管工、汽车驾驶员、起重装卸机械操作工、化学检验工、食品检验工、纺织纤维检验工、贵金属首饰钻石宝玉石检验员、防腐蚀工。

2. 农村牧渔生产人员（3 个）

动物疫病防治员、动物检疫检验员、沼气生产工。

3. 商业、服务业人员（34 个）

营业员、推销员、出版物发行员、中药购销员、鉴定估价师、医药商品购销员、中药调剂员、冷藏工、中式烹调师、中式面点师、西式烹调师、西式面点师、调酒师、营养配餐员、餐厅服务员、前厅服务员、客房服务员、保健按摩师、职业指导员、物业管理员、锅炉操作工、美容师、美发师、摄影师、眼镜验光员、眼镜定配工、家用电子产品维修工、家用电器新产品维修工、照相器材维修工、钟表维修工、办公设备维修工、保育员、家政服务员、养老护理员。

4. 办事人员和有关人员（6 个）

秘书、公关员、计算机操作员、制图员、话务员、用户通信终端维修员。

三、国家对实行就业准入做出的具体规定

国务院《关于大力发展职业教育的决定》明确提出，用人单位招录职工必须严格执行"先培训，后就业""先培训，后上岗"的规定，从取得职业学校学历证书、职业资格证书和职业培训合格证书的人员中优先录用。要进一步完善涉及人民生命财产安全的相关职业的准入办法。劳动保障、人事、工商等部门要加大对就业准入制度执行情况的监察力度，对违反规定、随意招录未经职业教育或培训人员的用人单位给予处罚，并责令其限期对相关人员进行培训。教育部、公安部、人事部、劳动保障部联合发出通知，要求各地要进一步完善并严格执行就业准入制度，对国家规定实行就业准入的职业，从业者和初次就业者必须取得相应职业资格证书后，方可上岗；对新增加的就业岗位，要优先录用符合相应资格条件的高校毕业生。

职业介绍机构要在显著位置公告实行就业准入的职业范围；各地印制的求职登记

表中要有登记职业资格证书的栏目；用人单位招聘广告栏中也应有相应职业资格要求。职业介绍机构的工作人员在工作过程中，对国家规定实行就业准入的职业，应要求求职者出示职业资格证书并进行查验，凭证推荐就业；用人单位要凭证招聘用工。

从事就业准入职业的新生劳动力，就业前必须经过1到3年的职业培训，并取得职业资格证书；对招收未取得相应职业资格证书人员的用人单位，劳动监察机构应依法查处，并责令其改正；对从事个体工商经营的人员，要取得职业资格证书后工商部门才办理开业手续。

四、国家职业资格证书制度

（一）职业资格证书制度

职业资格证书制度既是劳动就业制度的一项重要内容，也是一种特殊形式的国家考试制度。职业资格证书制度是指按照国家制定的职业技能标准或任职资格条件，通过政府认定的考核鉴定机构，对劳动者的技能水平或职业资格进行客观公正、科学规范的评价和鉴定，对合格者授予相应的国家职业资格证书。按照《职业教育法》《劳动法》关于实行学历证书和职业资格证书重制度的规定，劳动和社会保障部逐步将过去的工人等级考核改变为职业技能鉴定，在全社会推行国家职业资格证书制度。

（二）国家职业资格证书的作用

职业资格证书是劳动者具有从事某一职业所必备的学识和技能的证明，是劳动者求职、任职、开业的资格凭证，是用人单位招聘、录用劳动者的主要依据，是我国公民境外就业、劳务输出法律公证的有效证件。国家实行就业准入制度以后，在一些技术要求高、通用性强、关系人民身体健康财产安全的职业（工种）中，职业资格证书还是一种就业准入证明。目前，有90个职业工种招收从业人员必须从取得相应职业资格证书的人员中招用，从业者必须持证上岗。

（三）如何取得国家职业资格证书

国家职业资格证书分为初级（五级）、中级（四级）、高级（三级）、技师（二级）、高级技师（一级）五个级别，报考者可以按照各级别的申报条件参加由各级职业技能鉴定中心安排的当地职业技能鉴定所组织的职业技能鉴定考核，通过参加知识考核和操作技能考核，取得国家职业资格证书。

（四）职业技能鉴定

职业技能鉴定就是专门以职业技能为着眼点的考试，是按照国家职业标准，通过政府授权的考核鉴定机构，对劳动者的专业知识和技能水平进行客观公正、科学规范的评价与认证。显然，职业技能鉴定是以既定的职业标准为依据，来衡量劳动者是否达到职业或岗位要求的标准参照式考试。职业技能鉴定是国家职业资格证书制度的重要组成部分。

第二节 人才评价标准

一、人才概念和评价标准

"人才"概念既没有一个固定的定义，也没有具体的模式。人们心中的人才不过是决策者或决策团体自身素质的对照反应而已。古今中外定义颇多，归为一点即"有用有为即人才"。

（一）传统人才评价标准

人的复杂性、社会的复杂性，以及由此而来的人才工作的复杂性，使得确立人才评价标准就并非易事。

在我国，传统人才评价标准是重学历讲职称的评价标准，这一标准导致了整个社会对高学历和高职称的片面追求。用人单位将人才简单地与高学历、高职称画等号，他们认为，研究生比本科生强，本科生比专科生强，专科生比中专生强，其实并非具有绝对性。这种状况既造成了高级人才资源的浪费现象，又把许多有一技之长的技能型人才挡在了门外，这是人才概念认识上的误区，必须给予纠正。有的地方和企业招用人才时，只引进本科以上学历的，按此标准，大学没有上完的比尔·盖茨就不算人才，即使他创造了著名的微软公司。如果我们评价人才只看学历和职称，将难以培养、选拔、引进和激励真正的人才，路肯定会越走越窄。事实上博士里面有庸才，工人里面也有人才。

国家人事部曾将"凡具有中专及以上学历或初级专业技术及以上职称"的人称为人才，作为人才评价的一个标准是可以接受的，因为它反映了一定的相适合的专业等级。但这个不是唯一的人才评价标准，只能是一个基础性的人才评价标准，因为它忽视了人才的社会性和实践性。

（二）现代人才评价标准

党中央做出"人才资源是第一资源"的科学判断，提出了人才强国战略和党管人才原则，确立了新的历史条件下人才工作的基本思路和宏观布局，为我国人才工作注入了新的活力。

什么样的人是人才？用什么标准去衡量、选拔人才？人才等于学历吗？人才等于职称吗？人才在任何时候、任何地方都是人才吗？人才是伯乐相出来扶起来的还是

"赛"出来的等问题的思考，伴随着"人才资源是第一资源"的提出以及小康大业、人才为本等观念日益深入人心，一些陈旧的人才观念正在不断得到更新。

人才的评价标准应该是多维的，其涵盖面很广，具有广泛的社会性，人才不仅是指各行各业的英雄、模范和先进分子，还应包括在本职工作中充分发挥其特殊作用的人；不仅领导者、科学家、企业家是人才，那些做出积极贡献的公务员、科技工作者、工人、小学教师等也是人才。人才是有特定意义的，即只要在自己所从事的某一领域、某一行业、某一单位、某一企业内做出一定成绩的人就是人才。这种人才界定的意义，不仅是对人才的尊重和肯定，而且更充分体现了马克思主义的人才观即尊重人。只有树立起尊重人的人才观和世界观，才能尊重人才，调动人才的积极性、创造性，使之忘我工作，孜孜以求，做到人尽其才，才尽其用，实现每个人的价值。海尔集团提出的"人人都是人才"的"大人才观"，要比涸泽而渔、可望而不可即的"小人才观"好得多。这既是马克思主义人才观的要求，也是"三个代表"思想的根本体现。

中国人民大学董克用教授认为，"只有那些拥有创新意识，具备创新能力，能实现创新成果价值的人，才是21世纪的人才"。与时俱进、具有创新思维才是21世纪人才标准的核心，墨守成规的人将会被21世纪淘汰。那种"一旦拥有，享用终身"的学历文凭与学术职称人才标准将被废弃，而不唯学历、不唯职称、不唯资历、不唯身份的与品德、知识、能力、业绩相结合的人才标准，将作为衡量人才的主要标准，并成为新时期科学的人才观。

当乡土人才、技能人才的称谓被社会认可；当广州等城市公开允诺，欢迎工人技师乃至职高、高职毕业生来落户工作；当只有高中学历却擅长雕刻木工的曹灿林和中国工程院院士、上海大学计算机工程与科学院院长李三立博士等人一起成为第一批上海市居住证的获得者的时候，就已对重学历讲职称的传统人才评价标准提出了挑战。

人才概念从根本上说是指人的智能（包括文化、业务知识），思想品德、心理素质以及技能、创新能力、组织管理的能力超凡的人。某位学者作过这样的定义：人才是为了社会发展和人类进步进行着创造性劳动并作出较大贡献的人。这一定义抓住了人才的本质和内涵，即人才的内在素质、能力和贡献。人才是通过创造性劳动体现出来的，所谓创造性劳动包含三个意义。①在通常情况或平凡岗位条件下，做出非凡的业绩；②在较艰苦环境下，勇于承担责任，积极进取，并做出较大成绩；③在环境发生较大变化情况下，还能继承和发展其事业，当然，这也是创造性的劳动。创造性劳动是人才综合能力和专业能力的试金石，贡献是人才的核心体现，为谁劳动是人才的素质问题，不热爱自己祖国的人，是很难被人称为人才的。

二、社会对毕业生素质的普遍要求

目前,毕业生就业形成了"买方市场",就业竞争日益激烈,用人单位对毕业生的素质要求标准越来越高,选择毕业生也更加理性。不再单纯追求人才的数量,而是更加注重毕业生的综合素质。许多用人单位已将综合素质作为评价毕业生"实力"的主要依据和择人标准。例如,在大学生就业市场上出现了即使同一学校、同一专业,由于综合素质不同而就业差别较大的现象:综合素质高的毕业生受到青睐,他们就业面宽,就业机会多,选择余地大,常常是供不应求。相反,综合素质低者受到排斥而过剩,出现了"就业难,难就业"现象。

具有下列素质和条件的毕业生会受到用人单位的欢迎。

(1)较高的思想政治素质和高尚的品德。从多年大学生就业情况看,用人单位普遍欢迎政治思想素质好、品德高尚的毕业生。例如,优秀毕业生、优秀学生干部、优秀学生、共产党员及诚实守信的毕业生在就业市场上大受用人单位的青睐。

(2)具有强烈的事业心和责任感。事业心和责任感是许多用人单位对毕业生素质的基本要求。用人单位特别欢迎事业心强、眼光远大、心胸开阔、具有强烈使命感和社会责任感的人。对那些追求实现个人价值或刚到就业单位稍不顺心就"跳槽"者,则表示出极大的不满足。

(3)具有吃苦耐劳的创业精神。现在的大学生由于是从一个校门进到另一个校门,家长、师长包办过多,其最大的弱点是怕吃苦,缺乏实干的奋斗精神。因而许多用人单位十分看重毕业生是否具有吃苦耐劳的创业精神。那些缺乏吃苦精神,"骄""娇"习气十足、想坐享其成的人是不受欢迎的。

(4)具有扎实的基础知识和宽广的知识面。在就业市场上,学习成绩优良、知识面宽、综合能力较强的毕业生普遍受到欢迎。外语四级、计算机二级及其以上等级证书已是许多用人单位和一些城市接收毕业生的基本要求,更多的高层次单位要求学生外语六级以上。

(5)具有较强的动手能力和创业意识。许多用人单位在招聘毕业生时,总希望毕业生动手能力强,并具有一定的工作能力和经历。例如,有过实习经历,并具有技能证书的学生之所以是"首选",就是因为他们有过动手的经验和能力。当过学生干部的毕业生之所以"走俏",就是因为他们大多适应能力强,一上岗就能独当一面。学生在校期间有论文、作品、著作发表者之所以"抢手",也是因为他们用自己的"成果"证明了其实际能力和创新意识。

(6)具有团结协作的团队精神。现代社会越来越需要依靠集体智慧和力量,越来越需要发挥团队协作精神。因此,用人单位在招聘毕业生的过程中,十分注意考察了解毕业生是否具有团队协作精神。那些集体观念淡薄、自以为是、很难与他人合作的人是不受欢迎的。

（7）身心健康者。身心健康是现代企业对人才素质的基本要求。如果一个毕业生其他方面的条件不错，但若有严重的心理障碍或疾病，或者体弱多病，甚至未工作先要治病，用人单位也是不愿意接收的。现在，一些用人单位在招聘过程中，对毕业生进行心理测试、身体健康检查等，就是对其身心素质要求的体现。

三、企业对应聘者的特殊要求

1. 企业需要那种具有高度进取心的人

简单地说，各公司都喜欢那些真正想干点事情的人。这些人往往能自觉地、积极地工作，并能不屈不挠地把思想付诸行动，影响和带动其周围的人去工作。一个人如果缺乏进取心，在工作中抱应付态度，自然不会提出主动性的建议，也不会努力去开拓工作的新局面。

2. 企业需要那种具有良好人际适应性的人

良好的人际适应能力是指一个人在组织中与其他成员的协调能力和沟通能力。具有良好人际适应能力的人往往能团结和带动组织中其他成员进行工作，组织中许多项目的完成均要通过各个成员的相互协助。

3. 企业需要那种具有高度灵活应变能力的人

企业是个活生生的处于不断发展之中的实体，在企业发展过程中会遇到许多意想不到的新问题，这就需要员工具有应变能力，能灵活地适应各种环境和变化。

4. 能适应本公司工作的人

面试是企业和应聘者的沟通渠道，除工作能力外，每个公司都有其特殊的文化环境，当主试者感到应聘者不符合本公司的文化环境时就不能录用应聘者。能适应该公司工作的人，不但是指能力上能适应，而且包括个人修养、言谈举止、工作作风等多方面。

四、人才的自我评价

大学生经过几年大学阶段的学习，掌握了许多的知识和技能，作为大学生必须清楚地认识自己的优势和特长，按照现代人才评价标准总结自己，了解自己的个性、特长、能力、职业兴趣、价值观、角色兴趣，明确自己是什么人、能干什么、想干什么，以便在就业过程中表现自己，为自己的未来确定发展方向和职业定位。如本人责任心强、具有亲和力，就能很快适应新环境。积极参加各种集体活动，懂得欣赏和赞同别人，有很强的集体荣誉感和团队合作精神，善于协调各种人际关系，有一定的创新精神和协调沟通能力，要对事物有强烈的好奇心和求知欲。

第三节　就业观念和心理调适

一、什么是就业观

就业观是人们选择和从事一定职业时的心态、情感、态度、评价标准和价值取向的总和，是一个人的人生观、价值观、劳动观以及享乐观等在对待职业问题的重要表现。在择业过程中，每一位毕业生都希望找到一份称心如意的工作，这是人之常情，但是怎样才能实现这种愿望，现实中，不少毕业生更多地考虑"我想从事什么职业""我愿意干什么工作"，而很少去了解社会需求，很少能用"我能干什么"的眼光全面地审视一下自己，因而使自己陷入择业期望值过高的误区。这就需要毕业生能正确认识自己，客观评价自己，既要看到长处，又要看到短处；既要对特殊素质进行具体的评价，又要对综合素质进行全面评价；既要考虑整体因素，又要考虑占主导地位的重点因素。

二、就业观与人生观、价值观的内在联系

人生观是个人对人生的目的、意义和道路的根本看法和态度。人活着为什么？人生的意义是什么？人应该怎样度过自己的一生？对这些问题的不同认识和态度，形成了不同的人生观。这种人生观内容包括幸福观、苦乐观、生死观、荣辱观、恋爱观等。

价值观是指对人的社会实践行为和活动的评价与判断。在一定历史条件下，多次反复的实践和评价过程，使人们逐渐形成了相对稳定的判断人的行为与活动的好坏、美丑、利害、善恶、荣辱、得失等观念。例如，员工是把工作看作是神圣的事业还是谋生的手段；是否为企业所做的创造、奉献，为企业所尽的责任看作是自己人生的意义；是否把企业的成败荣辱视为自己的成败荣辱；能否像关心自己的前途和荣誉一样关心企业的前途和信誉等。人们平时考虑的"有没有用？""有没有利？""值不值得？""用""利""值"就是一种价值判断。人生价值同时指两种关系：一是指社会对人需要的满足程度；二是指个体对社会需要的满足程度。人生价值主要体现在后者。

价值观的不同决定了每一个人的行为不同，例如，"诚信"的价值观，会让人坦承面对困境；告知事情真相，会提升别人对他的信任度。"纪律"的价值观，会让人依规定行事，产生执行力。"关怀"的价值观，会让人关心别人，了解别人的困境，乐于帮助别人。"自我"的价值观，会使人产生以"自我为中心"的心理，追求私利，易做出他人不能接受的行为。不同的价值观会产生不同的行为模式，进而产生不同的社会文化。

人生观决定价值取向，价值观引导人生走向，人生观和价值观又丰富着世界观。价值观是由世界观和人生观决定的，有什么样的世界观和人生观，就有什么样的价值观。世界观、人生观、价值观，是人们行为的思想基础，决定着人们的行为选择，具有十分丰富的内涵，对人的成长和发展起着至关重要的作用。就业观是人生观、价值观的一种体现，受人生观和价值观的支配。正确的择业标准，是建立在科学的世界观、人生观、价值观基础上的，具有不同的人生观、价值观，就会有不同的就业观念，就会采取不同的就业态度，选择不同的就业方式，实施不同的就业行为，最终决定着就业的成败。就业观念的不同，又直接体现着人们对人生的不同看法，表现为不同的价值取向。如多数大学生希望以后能学有所用，发挥自己的特长，成就一番事业，但往往缺乏艰苦创业的心理准备，表现在择业时不愿到最需要人才的生产、教学、科研等第一线工作，不愿到人才匮乏的边远地区去创业，宁愿在大城市、大单位里当助手，甚至忙于一些与所学专业毫无关系的琐碎的事务性工作。这说明，在择业的具体行动上，不少大学生注重经济利益而非个人价值，追求高地位、高工资、高享受，缺乏艰苦创业的思想准备，表现出非常矛盾的心理。

三、树立正确就业观——心理调适

（一）什么是正确的就业观

毕业生即将步入社会，寻求自己生存和发展的空间，找到比较理想的位置。要达到这一目的，首先就要树立正确的就业观念。何谓正确的就业观，就是持有积极、乐观、向上的人生态度，认清就业形势和社会需求，全面衡量和评价自己的综合素质（即专业知识到底有多少，实际操作能力到底有多强，是否具有坚定的意志和吃苦的精神），并将自身条件与岗位相对照，从对社会的贡献中去看待自己的价值，让自己去适应工作，适应环境，寻求适合自己的就业之路。正确的就业观体现在两个方面，一方面要适应社会主义市场经济的需要，抛弃陈旧的就业观念，树立起市场竞争、积极进取、艰苦创业的就业意识。另一方面以社会需要为出发点，主动到社会生产、建设、管理、服务第一线岗位去工作，在平凡的岗位上创造出不平凡的业绩。

《就业促进法》第七条规定，国家倡导劳动者树立正确的择业观念，提高就业能力和创业能力；鼓励劳动者自主创业、自谋职业。各级人民政府和有关部门应当简化程序，提高效率，为劳动者自主创业、自谋职业提供便利。

（二）大学生的就业观念普遍存在的问题

1. 大学生择业观的价值取向分析

①择业思想更趋实惠。大学生的主体意识、公民意识、社会责任逐渐增强，在择业时既希望发挥个人才能，获取较高的经济收入，又期望兼顾国家和社会的需要，两

方面都能满足是自己的最高理想。②择业动机突出自我发展。发挥个人才能成为大学生择业时考虑的首要因素。大学生在择业时，并不是一味追求物质利益，而是更注重个人才能的发挥与特长的施展，追求自我价值的实现，追求长远的人生发展目标。但在注重个人才能发挥的同时，又希望获得较高的经济收入。③择业目标趋高拒低。在择业目标方面，趋向于高薪水、高地位、高层次的工作，回避待遇低、地位低、层次低的工作；在就业地域方面，多数大学生向往大中城市，不愿下基层；在职业选择上，大部分大学生愿意从事与自己所学专业相关的工作，以发挥自己的专业优势，但更愿意从事高层的管理工作和高收入的工作，不愿到艰苦行业工作。④择业的多向性与不稳定性。在某种功利思想的驱动下，大学生的择业呈现出多向性和不稳定性。有些人酷爱自己的专业，然而又怕过艰苦的生活，择业时茫然无措；有些人意识到基层和艰苦行业需要人才，最能锻炼自己，但怕基层条件差，埋没了自己的才能，择业时举棋不定；还有的不顾自己的专业特长，把待遇高、福利好作为择业标准，但同时又想实现自己的价值与抱负，在择业时犹豫不决。

2. 大学生就业观念普遍存在的问题

当前，大学生的就业观念普遍存在着理想化、功利化、狭窄化、简单化、片面化。具体表现为①期望值过高；②犹豫观望，举棋不定；③过于自信，盲目乐观；④互相攀比，盲目从众；⑤缺乏主见，依赖他人；⑥拈轻怕重，不想付出；⑦遭遇挫折，怨天尤人。

3. 对大学生就业观念的引导

在大学生就业观念还没有形成或比较模糊的情况下，要积极引导大学生要树立"大就业"观念，即在一定工作岗位上通过诚实劳动，依法经营，取得合法收入即为就业。同时，树立起自主择业的观念、竞争就业的观念、多渠道就业的观念、创业即就业的观念、大众化就业的观念。

（1）自主择业观念即在人才市场中，依据双向选择的原则，自主选择自己的职业。

（2）竞争就业观念即转变就业观念、建立竞争心理，主动参与竞争，正确选择有利于自身发展的工作岗位。

（3）多渠道就业观念即打破框框，消除束缚，建立多层次、多途径的就业形式。

（4）大众化就业的观念即就业的期望值不要过高，让自己做一名大众化的普通劳动者。

（5）创业即就业的观念即转变就业观念，建立创业即就业的思想，走创业之路。

（三）怎样树立正确的就业观

1. 树立正确的成才观

就业是大学生毕业走向社会的转折点，就业观念要解决的基本问题是，如何成为适应社会发展的高素质人才，也就是说，职业设计应该成为大学生从进入高校时就开始的关注点，并贯穿学习阶段的全过程。

2. 树立正确的择业标准

指导毕业生就业的基本原则是把个人理想与国家需要结合起来，从实际出发，适应社会、发展的要求，正确处理社会需要与个人成才，事业与生活，个人与集体等各种关系，抵制眼、前功利的诱惑，真正做到以事业为重，服从国家需要。

3. 确立高尚的求职道德

大学生在就业过程中，要做到实事求是，诚实正直，与人为善，而不能在求职时吹嘘自己，贬低别人，更不能欺骗用人单位或不讲信誉，求职道德是大学生素质的重要展示，是给用人单位留下的第一印象。

4. 明确学习目的，创造就业条件

扎扎实实学好专业，熟练掌握一至两项技能是就业的先决条件。当前，尽管就业形势很严峻，但专业学得好，动手能力强的同学仍是人才市场的抢手货。每个同学在毕业前一定要扎扎实实学好专业课，考取专业合格证书。根据自己的特长参加一至两项技能培训，获得技能合格证书，为自己择业拓宽就业渠道。

5. 认清严峻的就业形势，珍惜就业机会

尽管近些年来，我国经济建设发展速度很快，就业岗位逐年增多，每年都要增加800多万工作岗位，但失业率仍居高不下。劳动力供大于求的局面在我国相当一段时期内还不能完全解决，所以每个大学生都应十分珍惜每个就业机会。

6. 正确估价自己，勿以文凭论英雄

有的同学在应聘时，不正确估价自己的素质、知识、悟性、能力等因素，只片面认为我是中专毕业或大学毕业，提出工资、住宿等一大堆条件，没有认识到能力比文凭更重要。部分同学不仅自己眼高手低，知识和能力与文凭不相适应，还埋怨学校没有把自己教好。要知道文凭只代表文化程度，不代表技术能力，文凭的价值也只体现在试用期内。文凭只是应聘的"敲门砖""介绍信"，进门之后，"是骡子是马"拉出来一遛就见分晓，这时老板看中的是应聘者的悟性、知识、功底、能力、敬业精神，文凭已不是重要的了。这就是为什么有的中专生比大学生拿的工资还要高的原因。

7. 要珍惜就业机会，切忌草率放弃或轻易跳槽

经过自己的努力得到的就业机会，一定要珍惜，要努力奋斗，敢于拼搏，这是获取事业成功的关键。如果没有这种意识，在工作中稍不顺心就轻易跳槽，长久下去就会像"白头翁"一样，一辈子一事无成。

8. 要坚持终身学习

面对当今知识爆炸的时代，知识更新日新月异，生存发展的竞争更加激烈，所以我们要活到老、学到老，不断获取新知识，这样才能不被社会发展所淘汰。正如宋朝大思想家朱熹所说的："无一人不学，无一事不学，无一时不学，无一处不学。"

9. 正确对待待业

部分毕业生在毕业之后一段时间内不能及时就业，出现了暂时待业的现象。出现

这种情况的原因，主要是受人才市场供求关系的影响。待业既是一种正常的社会现象，也是我们面临的现实问题，因此，我们要有充分的思想准备和心理承受能力。但要注意，我们不能人为地待业，也就是片面地盲目地追求理想化的职业岗位而主动放弃就业的机会；我们也不能被动的待业，把待业看成下次就业的新起点，积极寻找就业机会，不断增加就业能力，总结经验，将就业和创业充分地结合起来，实现多渠道就业。

第四节　择业技巧

一、就业信息的收集

（一）获取就业信息的渠道

就业信息是毕业生求职择业的基础和必备的条件，谁能及时获取信息并拥有大量的就业信息，谁就获得就业主动权。收集信息在时间上要注意时效性，在内容上要注意广泛性，在空间上要注意全面性，广取博收，加以分类。

获取就业信息的渠道多种多样，而主要的有以下几种：

1. 高校就业指导中心就业信息网发布的信息

国家有关就业的方针和政策、用人单位的需求信息、招聘活动信息、就业指导等一系列最新信息，能在第一时间通过校园就业网或公共栏准确、及时、可信地公布，是目前毕业生就业最主要的信息源。

2. 高校组织的校园"双选"招聘会

校园"双选"招聘会是毕业生就业的主渠道，在"双选"招聘会上，毕业生可供选择的机会比较多，相对社会上人才市场的招聘会，供需双方面对面交谈的机会更多一些、可信度更强一些。

3. 通过国家主管部门、劳动人事部门获得信息

这些部门对用人单位的需求情况比较了解，对社会劳动力、人才需求情况比较清楚，获得的信息比较可靠，有较强的指导性。

4. 通过人才市场中介服务机构和职业介绍服务机构获得信息

随着劳动力市场的发展和完善，人才市场服务机构和职业介绍服务机构将成为毕业生获得信息的主要渠道之一。

5. 通过社会媒体获得信息

报纸、杂志、广播、电视等媒体信息传播速度快、涉及面广，是毕业生就业巨大的信息源。

6. 通过网络获得信息

网上求职是近几年随着网络的兴起而诞生的收费低、速度快、针对性强的一种求职方式。网上求职查询方便、信息量大、选择面广，不受时间、地点的限制，是今后毕业生获取就业信息不可忽视的一个渠道。例如，

中国校园招聘网：http://www.91job.net.cn/

中国高校毕业生就业信息网：http://www.ness.org.cn/

中国青年人才网：http://www.54job.com/

中国企业人才网：http://www.job100.com/default.asp

7. 通过社会实践、参观调查获得信息

教学实习、社会实践、参观调查不仅能巩固毕业生所学的知识，加深对职业及用人单位的了解，还可在第一时间获得用人单位的需求信息。

8. 通过亲朋好友介绍获得信息

家人、亲戚、同学与社会上建立起来的庞大的人际关系网，是毕业生获取就业信息的好渠道。

9. 通过发布求职广告、电话联系或亲自拜访获得信息

通过信件、电话或拜访等形式虽然能够获取信息，但也存在盲目性大、命中率低、可靠性较差等缺点。如在就业信息量少、就业压力大的情况下，也不失为一种获取就业信息的方法。

（二）就业信息的鉴别和处理

大学生通过各种渠道获得的就业信息，由于信息的来源和获取的方式不同，良莠不齐，真假难辨，这就要求毕业生必须对所获取的信息进行认真的辨别处理，对获取的信息进行去粗取精、去伪存真的分析、筛选、整理、辨别，取其精华，使信息具有准确性、全面性和有效性，从中筛选出有利于毕业生求职择业的有用信息，更好地为自己择业服务。

1. 辨别和处理的方式

（1）整理信息。把经过各种渠道获得的信息加以汇总，将各种就业信息进行分类并按一定顺序加以排列。

（2）辨别信息。即辨别信息对自己是否有价值。搜集到的信息很多，层次也不一样，不可能都对自己有用，也不可能都用。因而，必须在众多的信息中找到适用自己的和可靠性最强的，剔除那些虚假的和不适用于自己的信息。

要看发布信息的机构是否正规，所发布的内容是否详细、有无时间限制、对应聘者的要求是否明确等。有些广告，为了敛财，发布含糊其辞的广告，让报名者邮寄报名费，结果往往是石沉大海。对这类就业信息，大学生一定要提高警惕。

（3）挑选信息。经过分类、排列和鉴别，把适合自己的信息，经过分析按使用程

度再进行排列，以提高自己的应聘成功率。

2. 辨别和处理信息应注意的问题

（1）用人单位的名称。用人单位的名称是一个重要的信息。没有刊登企业名称的单位很可能是没有经过合法登记的公司，或者是某些以招聘为名行骗的中介和公司，在业内声名狼藉，不敢以自己的真面目示人。

（2）用人单位联系方法。如人事部门联系人、电话、通信地址、邮政编码等；要分析这些信息的真实性，并加以落实。个别非法中介为了获取求职者的个人信息，本来没有岗位，通过这种手段骗得大量求职者的个人信息，有时还可能把求职者的个人信息出卖给其他公司，从中获利。

（3）用人单位需要的专业、使用意图，具体工作岗位。该信息必须明确，不能含糊其辞。

（4）用人单位对人才的具体要求必须明确；看用人单位招聘的是大学、大专、中专，还是无限制的，来决定自己要不要应聘和可不可应聘。

（5）用人单位的综合规模、整体规划、发展前景、地理环境、企业文化等，从这些信息可以看出用人单位的规模、实力和优势。

（6）用人单位的福利待遇（包括工资、福利、奖金、住房等）。福利待遇必须在招聘信息中加以明确，含糊其辞易导致自己以后的失望和双方的纠纷。待遇特别优厚的信息，有可能是信息陷阱。

（7）在与用人单位达成一致性协议之前，应对其做好充分详实的调查和了解，以免铸成大错。

（8）用人单位的招聘信息应有时间限制。如果是常年发布同样的信息，就应警惕它的可靠性。

3. 选择使用信息时应注意的问题

（1）综合分析自己的实力

第一，自己的专业知识和技术能力是否具有竞争力。

第二，综合素质是否符合社会的需要。目前，社会对大学毕业生的动手能力、实践能力、协调能力、创新意识、敬业精神、奉献精神、事业心等都提出了较高要求。根据历年就业工作经验，学生党员、学生干部、三好学生、各种能力证书的获得者，都是会受到社会青睐的毕业生。

第三，兴趣爱好是否适合职业要求。了解自己属于哪类人、所追求的是什么、擅长做哪类事、喜欢做哪类事，是职业策划的关键。加强自我了解，有助于考虑哪些职业最适合自己的个性、兴趣、爱好和理想。

（2）明确目标与现实之间的差距长期以来，大学毕业生的社会期望值一直较高，目标与现实之间常常存在着差距。目标过高往往造成毕业生好高骛远，脱离现实，错过最佳的就业机会。毕业生在明确目标的同时，应仔细分析了解自己的优缺点，将目标置于现实之中。一般情况下目标总是高于现实，将此种现象应控制在合理的限度内，超出了这个度，目标就永远不能实现。如果发现自己的目标与现实差距较大，就要为尽可能地缩短这一差距而找出最适合的解决途径：一是提高自身能力，二是降低目标。

※【案例】

上大四的小李由于一直沉溺网络游戏，到毕业前仍没有找到工作。一天，他在一份求职报纸上看到本市将举办一场大型招聘会，届时将有世界著名跨国企业、国内大型企业集团等近百家单位，面向毕业生提供近千个就业岗位。

但在招聘会上，小李连跨国公司、大型企业集团的影子都没见到，不但只有一些小公司，而且大多数都要求有两年以上工作经验，真正适合毕业生的单位和岗位屈指可数。逛了半天后，小李终于找到一家对口的公司，招聘人员粗略看了小李递上去的简历后说："你的条件符合我们的要求，请下周六来公司面试。"

周六到公司面试，自称经理的一个男子随便问了几个问题，就让小李交了报名费，签了一份协议，叫他下周一来上班。

周一，小李去上班时却发现公司早已人去楼空。回学校上网查了一下单位资料，发现这个公司根本不存在，这时他才后悔事先没有好好了解一下招聘单位的信息。

※【分析】

小李的例子揭示了"临时抱佛脚"做法的危害性。更重要的是，这说明毕业生在收集信息过程中，虚假信息、有害信息大量存在，如果未能有效鉴别，毕业生的合法权益将受到侵犯。所以，毕业生想要找到工作，甄别信息和主动收集信息同样重要。本案例中，小李正是由于缺乏对虚假信息的灵敏嗅觉和鉴别能力，所以才上当受骗，遭受损失。

二、求职方式的选择

（一）大学生就业的方式

自从实行"自主择业，双向选择"的就业制度以来，大学生实际上被推到了市场化就业的轨道，其主要形式为合同就业、定向就业、灵活就业、升学深造等多种就业方式。

（1）合同就业。毕业生与用人单位通过双向选择签订劳动合同，实现毕业生就业。

（2）定向就业。在学生入学前或之后，由学校与用人单位签订委托培养协议，学校根据用人单位的要求定向培养。学生毕业后成绩合格者，可进入该用人单位工作。

（3）灵活就业。包括自主创业、自由职业和其他灵活就业形式。自主创业，是指大学生毕业后不是向社会"寻求"工作，而是用自己所学知识进行自主创业，毕业生通过科技创新、社会服务或在某一方面的特长，进而自己或与他人合作创办企业，成为新企业的所有者或管理者。自主创业目前已成为大学毕业生一种新的就业途径，它作为一种新的就业渠道，无疑对大学毕业生的知识、能力和综合素质等提出了更高的要求。自由职业，是指以个体劳动为主的一类职业，如作家、自由撰稿人、翻译工作者、中介服务工作者、某些艺术工作者等。其他灵活就业，是指毕业生与一家或多家用人单位建立不定期、不定时的劳动就业关系，如技术主管、技术顾问、技术员、产品推销员和管理人员等。

（4）升学。包括专科毕业生升本科，本科毕业生考取研究生或考取第二学士学位深造。毕业生升学一方面提高了学历层次，另一方面也缓解了就业矛盾。而在高等职业教育院校，升学并不是学生就业的主要方式，也不应是主要方式。

（二）大学生就业市场

大学生就业市场是高校毕业生择业求职和用人单位招贤纳士、选录人才的场所，是高校毕业生就业所涉及的各种社会关系的总和。在大学毕业生就业市场中，供给方是准备走向社会谋职的学生，他们根据自己的专业知识、择业意向、工作能力等条件选择工作单位；需求方是企事业单位、机关团体等，他们根据岗位要求和毕业生的综合素质，择优录用所需人员，双方的选择结果由供求关系决定。

1. 大学生就业市场的类型和形式

从举办的单位来分，大学生就业市场主要有以下几种形式。

（1）单个学校举办的毕业生就业市场（招聘会、洽谈会），这是针对本校毕业生的专业特点和服务行业，邀请与其密切相关的用人单位参加，主要为本校毕业生就业服务的市场。

（2）学校联办的毕业生就业市场，这是指两所或两所以上的高校联合举办的毕业生就业市场，主要是为克服就业市场规模小、单位少、效能差缺陷而实行的强弱联合或强强联合。

（3）企业自办的毕业生就业市场，这是由大型企业和企业集团举办的、以招聘本企业所需毕业生为目标的就业市场。

（4）政府主管部门或人才中介机构主办的毕业生就业市场，一是由省、市、区主管毕业生就业的部门组织各高校所设立的大学生就业市场；二是由地方人事主管部门或人才中介机构所设立的人才市场。

就双选会的形式来看有网上双选会、校园招聘会、专场招聘会、综合性招聘会。

2. 建立大学生市场就业意识

从大就业的角度看，我国实行的是"劳动者自主择业、市场调节就业、政府促进就业"的政策。具体对高校毕业生而言实行的是"市场导向、政府宏观调控、学校推荐、毕业生与用人单位双向选择"的就业政策。这种政策都是以市场为基本的劳动力配置方式，政府进行宏观调控，劳动者自主择业，因而"双向选择，自主择业"已成为高校毕业生就业的主要方式。

"双向选择"这种新的就业形式大大强化了毕业生在就业中的主体作用和选择权利。首先，大学生必须明确自己在择业中的权利和义务，建立市场就业意识。毕业生在就业中的基本权利是选择权，基本的义务是遵守市场的规则，把个人的志愿与国家的需要紧密地结合，只讲权利不讲义务是不行的。市场是无情的，竞争是激烈的，大学毕业生必须清醒地意识到这一点。一旦进入市场，就是一场知识的竞争、能力的竞争、素质的竞争，危机意识是不可缺少的。有了危机感，大学生就会更加珍惜大学生活，集中精力学习知识，提高素质，增强自己的竞争力。其次，大学生要做好各种心理准备，特别是有待业的准备。因为暂时待业，对社会、对个人，对市场都是一种调节。面对政府机构精简、企业转制，每个大学生都应有找不到工作的心理准备，这是市场给我们上的第一课。

三、求职材料的准备

求职材料又叫自荐材料。准备自荐材料的直接目的就是为了使用人单位能够对自己感兴趣，最终被录用。用人单位出于节约人力和时间的考虑，在大多数情况下，不采用直接面试的形式，而是要求求职者先寄送自荐材料，由他们进行比较、筛选，然后再通知求职者是否面试。由于用人单位最初是通过自荐材料来了解求职者，因此自荐材料的好坏，关系到求职者能否引起用人单位的重视，并由此叩开用人单位的大门。

自荐材料一般包括以下材料。

（1）求职信。是用来向某一单位求取一份工作的信函。

（2）个人简历。所谓简历就是概括介绍毕业生个人基本情况，并对个人的技能、成就、经验、教育程度、求职意向作一个简单的总结。一份成功的简历，往往在瞬间就能得到用人单位的关注，赢得难得的机会，达到被录用的目的。

（3）学校推荐表或推荐信。一般由学生所在院系填写推荐意见，因为是组织对学生的全面评价，所以招聘单位一般是比较重视的。

（4）学习成绩单。这是反映毕业生大学学习成绩的证明，应由各院系教学部门填写、盖章。

（5）各种证书及其复印件。如外语、计算机等级证书，各种荣誉证书，获奖学金以及各类竞赛的证书或驾照等。

（6）参加社会实践、毕业实习的鉴定材料。

（7）有关科研成果证明及在报刊发表的文章及其复印件等。

四、面试技巧

（一）面试前的准备

1. 信息准备

在面试之前，要尽可能多地收集有关招聘单位的详细资料，做到心中有数。所获得的信息应准确、真实。

2. 材料准备

准备好自荐材料（包括各种证书和成果等），并充分考虑面试中可能提到的问题，准备好相关资料。

3. 仪表准备

头发应整洁，男学生最好在面试前一周理发，面试前一天修面，女学生可以化淡妆，但不宜太浓或过于夸张；服装应干净、得体，不宜穿居家服装和运动服面试。男学生可以带公文包，女学生可以带手袋，面试时应放置一旁，切勿放在自己与面试人之间。

4. 心理准备

择业前，大学生要客观认识自己，正确分析自我，根据自身的特长，选择适当的就业位置；要保持积极、乐观的择业心态，敢于竞争，敢于自荐；要增强心理承受能力，不怕失败。

（二）面试礼仪

面试要讲究礼仪。在求职面试过程中，切不可忽视礼节和举止，面试中的礼仪至少有几个方面值得认真对待。

一是服饰要得体。要给人以整洁、大方的感觉，穿着以庄重一点为好。二是要遵守时间。面谈时一定不能迟到，同时要遵守面试约定的时间长度，在约定的时间内体现你的办事效率。三是表情要自然，举止要文雅，讲究文明礼貌。进入面试场合不要紧张，要从容、自然。四是面谈时，眼睛要真诚地注视对方，表示对他的话感兴趣，不要东张西望，心不在焉。要显得具有自信心，对对方谈话的反应要自然坦率，不能做出大惊小怪的表情。

（三）谈话技巧

1. 对话目的应明确

讲话在精而不在多，回答问题要力求把握要点，精练准确。另外，也不可简单地仅以"是""否"作答。针对所提问题的不同，有的需要解释原因，有的需要说明程度。

2. 语气要温和谦逊

在交谈中要注意称呼得体，慎用"最……"等形容词和无意义的感叹词，要给人以谦虚、礼貌、知书达理的好感。

3. 慎用专门术语

专门术语应视对象使用，否则会让对方有被捉弄的感觉，重要的是要把自己的意思充分表达出来，让对方了解即可，可以专门术语通俗化。

4. 谈话要有分寸

不要误解话题、不要过于固执、不要独占话题、不要左顾右盼、不要随意插话、不要说奉承话。不相关的话不讲或少讲，要突出个人见解和个人特色。只有具有独到的个人见地和个人特点的回答，才会引起对方的兴趣和注意。

5. 对话要坦诚

知之为知之，不知为不知，诚恳坦率地承认自己的不足，反倒会赢得主试者的信任和好感。

6. 谈话结束礼貌再见

在面试的全过程中，大学生都应表现得有礼貌，起身告辞时要同面试人握手表示感谢。切忌告辞时没有任何表示，起身走人，将面试人员抛在后面。

（四）正确对待面试中的失误

面试交谈中，大学生难免因紧张而出现失误。此时，切不可因一时的失误而丧气。重要的是要战胜自己，不要轻易地放弃机会。即使一次面试没有成功，也要分析原因，总结经验，以新的姿态迎接下一次面试。

（五）面试过程中可能涉及的问题

（1）谈谈你自己。通常作为第一个问题提出，为你消除紧张心理。

（2）你了解我们单位吗？了解你对其单位的关注程度。

（3）为什么你选读此专业？考察你对专业的热爱程度及将来从事该工作的态度。

（4）你都学了什么课程？重点讲清与用人单位需要相关的重点课程。

（5）你喜欢你们学校吗？对这个问题应持积极肯定的态度。

（6）你有什么特长？据实回答，不可无中生有，更不可过分谦虚。

（7）你有什么优缺点？回答问题的态度比回答的内容更重要。

（8）你是不是打算继续学习？根据用人单位的情况权衡。

（9）你还有什么疑问？这暗示着面试即将结束。除此之外，面试中还会遇到下列问题：你谈恋爱了吗？你遇到的最大困难是什么？你爱读什么书？你喜欢独立工作还是与别人合作？你找工作首先考虑的因素是什么？到本单位上岗前，让你先到基层锻炼两年，你愿意吗？你喜欢与什么样的人交往？你觉得学历与工作经验哪个重要？大学三年你做过最得意的事情是什么？如果你为了某事受到批评怎么办？

第五节 有关就业的法律常识

一、劳动合同

（一）劳动关系与劳务关系

签订劳动合同即与用人单位建立了劳动关系。劳动关系不同于劳务关系。劳动关系，是指劳动者与用人单位（包括各类企业、个体工商户、事业单位等）在实现劳动过程中建立的社会经济关系。从广义上讲，生活在城市和农村的任何劳动者与任何性质的用人单位之间因从事劳动而结成的社会关系都属于劳动关系的范畴。从狭义上讲，现实经济生活中的劳动关系是指依照国家劳动法律法规规范的劳动法律关系，即双方当事人是被一定的劳动法律规范所规定和确认的权利和义务联系在一起的，其权利和义务的实现，是由国家强制力来保障的。劳动法律关系的一方（劳动者）必须加入某一个用人单位，成为该单位的一员，并参加单位的生产劳动，遵守单位内部的劳动规则；而另一方（用人单位）则必须按照劳动者的劳动数量或质量给付其报酬，提供工作条件，并不断改进劳动者的物质文化生活。如某工厂招工10名，签订了劳动合同，该工厂能对10名工人进行管理，能依据法律及工厂的规章制度对工人进行奖励、处分。该工厂与10名工人是劳动关系。劳务关系，是指提供劳务的一方为需要的一方以劳动形式提供劳动活动，而需要方支付约定的报酬的社会关系。劳务关系由《中华人民共和国民法通则》和《中华人民共和国合同法》进行规范和调整，建立和存在劳务关系的当事人之间是否签订书面劳务合同，由当事人双方协商确定。如工厂为清理门口垃圾，同1个人签订了劳务合同，由此人将垃圾拉到垃圾处理场，工厂支付5000元报酬，如果10天内拉完，工厂就多支付200元；如果20天没拉完，工厂就少支付200元；如果该人在1个月内未将垃圾全部清理，工厂就不支付报酬。工厂与这个人就是劳务关系，工厂仅有权利依据合同约定给此人报酬，并依据合同多支付、少支付或者不支付报酬，没有权利对此人进行管理。

劳动关系签订劳动合同，劳务关系签订劳务合同（雇用合同）。劳动合同是劳动者与用人单位建立劳动关系、明确双方权利和义务的协议。劳务合同是受雇人向雇用人提供劳务，雇用人支付报酬的合同。

（二）《劳动合同法》适用范围

《劳动合同法》第二条规定：中华人民共和国境内的企业、个体经济组织、民办非企业单位等组织（以下称用人单位）与劳动者建立劳动关系，订立、履行、变更、解除或者终止劳动合同，适用本法。

国家机关、事业单位、社会团体和与其建立劳动关系的劳动者，订立、履行、变更、解除或者终止劳动合同，依照本法执行。

（三）订立劳动合同原则

《劳动合同法》第三条规定：订立劳动合同，应当遵循合法、公平、平等自愿、协商一致、诚实信用的原则。（订立劳动合同的方法和注意事项见能力要求部分）

（四）劳动合同的履行

用人单位与劳动者应当按照劳动合同的约定，全面履行各自的义务。

1. 劳动报酬方面

用人单位应当按照劳动合同约定和国家规定，向劳动者及时足额支付劳动报酬。用人单位拖欠或者未足额支付劳动报酬的，劳动者可以依法向当地人民法院申请支付令，人民法院应当依法发出支付令。

2. 工作时间方面

用人单位应当严格执行劳动定额标准，不得强迫或者变相强迫劳动者加班。用人单位安排加班的，应当按照国家有关规定向劳动者支付加班费。

3. 劳动安全方面

劳动者拒绝用人单位管理人员违章指挥、强令冒险作业的，不视为违反劳动合同。劳动者对危害生命安全和身体健康的劳动条件，有权对用人单位提出批评、检举和控告。

（五）劳动合同的解除和经济补偿

有下列情形之一的，用人单位应当向劳动者支付经济补偿。

（1）劳动者依照本法第三十八条规定解除劳动合同的；

（2）用人单位依照本法第三十六条规定向劳动者提出解除劳动合同并与劳动者协商一致解除劳动合同的；

（3）用人单位依照本法第四十条规定解除劳动合同的；

（4）用人单位依照本法第四十一条第一款规定解除劳动合同的；

（5）除用人单位维持或者提高劳动合同约定条件续订劳动合同，劳动者不同意续订的情形外，依照本法第四十四条第一项规定终止固定期限劳动合同的；

（6）依照本法第四十四条第四项、第五项规定终止劳动合同的；

（7）法律、行政法规规定的其他情形。

《劳动合同法》第四十七条规定：经济补偿按劳动者在本单位工作的年限，每满一年支付一个月工资的标准向劳动者支付。六个月以上不满一年的，按一年计算；不满六个月的，向劳动者支付半个月工资的经济补偿。

劳动者月工资高于用人单位所在直辖市、设区的市级人民政府公布的本地区上年度职工月平均工资三倍的，向其支付经济补偿的标准按职工月平均工资三倍的数额支付，向其支付经济补偿的年限最高不超过十二年。

本条所称月工资是指劳动者在劳动合同解除或者终止前十二个月的平均工资。

二、劳动争议的解决途径

（一）劳动争议的解决途径

劳动争议的解决途径有四个：协商、调解、仲裁、诉讼。

1. 协商

发生劳动争议，劳动者可以与用人单位协商，达成和解协议。

2. 调解

发生劳动争议，当事人不愿协商、协商不成或者达成和解协议后不履行的，可以向调解组织申请调解。

发生劳动争议，当事人可以到下列调解组织申请调解。

（1）企业劳动争议调解委员会；

（2）依法设立的基层人民调解组织；

（3）在乡镇、街道设立的具有劳动争议调解职能的组织。经调解达成协议的，应当制作调解协议书。达成调解协议后，一方当事人在协议约定期限内不履行调解协议的，另一方当事人可以依法申请仲裁。

3. 仲裁

不愿调解、调解不成或者达成调解协议后不履行的，可以向劳动争议仲裁委员会申请仲裁。

发生劳动争议，劳动者应在当事人知道或者应当知道其权利被侵害之日起一年内，向劳动合同履行地或者用人单位所在地的劳动争议仲裁委员会申请仲裁。劳动关系存续期间因拖欠劳动报酬发生争议的，劳动者申请仲裁不受一年仲裁时效期间的限制；但是，劳动关系终止的，应当自劳动关系终止之日起一年内提出。

仲裁庭裁决劳动争议案件，应当自劳动争议仲裁委员会受理仲裁申请之日起四十五日内结束。案情复杂需要延期的，经劳动争议仲裁委员会主任批准，可以延期并书面通知当事人，但是延长期限不得超过十五日。

《劳动争议仲裁法》第四十七条规定：下列劳动争议，除本法另有规定的外，仲裁裁决为终局裁决，裁决书自做出之日起发生法律效力。

（1）追索劳动报酬、工伤医疗费、经济补偿或者赔偿金，不超过当地月最低工资标准十二个月金额的争议；

（2）因执行国家的劳动标准在工作时间、休息休假、社会保险等方面发生的争议。劳动者对本法第四十七条规定的仲裁裁决不服的，可以自收到仲裁裁决书之日起十五日内向人民法院提起诉讼。当事人对本法第四十七条规定以外的其他劳动争议案件的仲裁裁决不服的，可以自收到仲裁裁决书之日起十五日内向人民法院提起诉讼；期满不起诉的，裁决书发生法律效力。

4. 诉讼

对仲裁裁决不服的，除本法另有规定外，可以向人民法院提起诉讼。当事人对发生法律效力的调解书、裁决书，应当依照规定的期限履行。一方当事人逾期不履行的，另一方当事人可以依照民事诉讼法的有关规定向人民法院申请执行。

（二）《劳动争议调解仲裁法》的适用范围

《劳动争议调解仲裁法》第二条规定：中华人民共和国境内的用人单位与劳动者发生的下列劳动争议，适用本法。

（1）因确认劳动关系发生的争议；
（2）因订立、履行、变更、解除和终止劳动合同发生的争议；
（3）因除名、辞退和辞职、离职发生的争议；
（4）因工作时间、休息休假、社会保险、福利、培训以及劳动保护发生的争议；
（5）因劳动报酬、工伤医疗费、经济补偿或者赔偿金等发生的争议；
（6）法律、法规规定的其他劳动争议。

（三）劳动仲裁中应注意的几个问题

（1）大部分案件适用先行仲裁的制度。
（2）仲裁期限最长为60天。
（3）在职职工追欠薪无时效限制。
（4）劳动争议的管辖地——向用人单位所在的仲裁机构申请仲裁。
（5）确立了先行裁决与先予执行制度。即先拿钱后仲裁。
（6）增加了用人单位的举证责任。

三、社会保险和住房公积金

（一）社会保险

社会主义市场经济与新型社会保障制度是"孪生姐妹"。1983年，劳动部在郑州召开的全国社会保险福利工作会议上，提出全民所有制单位退休费用实行社会统筹的新方案，标志着新时期我国社会保障制度改革的开端。

社会保障体系是指社会保障各个有机构成部分系统的相互联系、相辅相成的总体。

完善的社会保障体系是社会主义市场经济体制的重要支柱，关系改革、发展、稳定的全局。我国的社会保障体系，包括社会保险、社会救助、社会福利、优抚安置和社会互助、个人储蓄积累保障。

社会保险在社会保障体系中居于核心地位，它是社会保障体系的重要组成部分，是实现社会保障的基本纲领。一是社会保险的目的是保障被给付者的基本生活需要，属于基本性的社会保障；二是社会保险的对象是法定范围内的社会劳动者；三是社会保险的基本特征是补偿劳动者的收入损失；四是社会保险的资金主要来源于用人单位（雇主）、劳动者（雇员）依法缴费及国家资助和社会募集。

社会保险是政府通过立法强制实施，运用保险方式处置劳动者面临的特定社会风险，为其暂时或永久丧失劳动能力，失去劳动收入时提供基本收入保障的法定保险制度。国家通过立法，多渠道筹集资金，对劳动者在因年老、失业、患病、工伤、生育而减少劳动收入时给予经济补偿，使他们能够享有基本生活保障。社会保险包括养老保险、医疗保险、失业保险、工伤保险和生育保险五个项目（称为五险）。

社会保险不同于商业保险：①实施目的不同。社会保险是为社会成员提供必要的基本保障，不以赢利为目的；商业保险则是保险公司的商业化运作，以利润为目的；②实施方式不同。社会保险是根据国家立法强制实施，商业保险是遵循"契约自由"原则，由企业和个人自愿投保；③实施主体和对象不同。社会保险由国家成立的专门性机构进行基金的筹集、管理及发放，其对象是法定范围内的社会成员；商业保险是保险公司来经营管理的，被保险人可以是符合承保条件的任何人；④保障水平不同。社会保险为被保险人提供的保障是最基本的，其水平高于社会贫困线，低于社会平均工资的50%，保障程度较低；商业保险提供的保障水平完全取决于保险双方当事人的约定和投保人所缴费用的多少，只要符合投保条件并有一定的缴费能力，被保险人可以获得高水平的保障。

社会保险金是基本养老保险金、基本医疗保险金、失业保险金的统称，加上住房公积金，就是人们通常所说的"四金"。

1. 社会养老保险

所谓社会养老保险是国家和社会根据一定的法律和法规，为保证劳动者在达到国家规定的解除劳动义务的劳动年龄界限或因年老丧失劳动能力，退出劳动岗位后的基本生活需要而建立的一种社会保险制度。

（1）社会养老保险的特点

第一，由国家立法，强制实施，企业单位和个人都必须参加，符合养老条件的人，可向社会保险部门领取养老金；第二，社会养老保险基金的来源，一般由国家、单位和个人三方或单位和个人双方共同负担，并实现广泛的社会互济；第三，由于其具有社会性，影响很大，享受的人多且时间较长，费用支出庞大，所以必设立专门机构，实行现代化、专业化、社会化的统一规划和管理。

（2）我国养老保险体系的三个层次一是基本养老保险，它是按国家统一政策规定强制实施的为保障广大离退休人员基本生活需要的一种养老保险制度；二是企业补充养老保险，它是企业根据自身经济实力，在国家规定的实施政策和实施条件下为本企业职工建立的一种辅助性养老保险，由国家宏观指导，企业内部决策执行；三是个人储蓄性养老保险，它是由职工个人自愿参加、自愿选择经办机构的补充保险形式。

在后两个层次中，企业和个人既可以将养老保险费按规定存入社会保险机构设立的养老保险基金账户，也可以选择在商业保险公司投保。

（3）我国的基本养老保险制度

1997年，《国务院关于建立统一的企业职工基本养老保险制度的决定》正式确定我国养老保险制度实行社会统筹与个人账户相结合的基本框架，提出并划清了老人、中人和新人的界限。其中，老人是指2005年年底以前已办理离退休手续的人员。这些人仍按原来的养老保险待遇规定领取基本养老金，并随基本养老金调整而逐步增加养老保险待遇，也即"老人老办法"。新人是指1998年以后参加工作并参保的人员。新人按照本次修改的新办法计发养老金。

按至少缴费15年的年限，符合按月领取养老金条件的新人，最早也要到2013年才会出现。因此，新人的养老金就执行新人新制度。中人是指1998年以前参加工作，2006年以后退休的人员。目前在职职工大部分属于中人。

《国务院关于建立统一的企业职工基本养老保险制度的决定》（国发〔1997〕26号）实施后参加工作，缴费年限（含视同缴费年限，下同）累计满15年的人员，退休后按月发给基本养老金。基本养老金由基础养老金和个人账户养老金组成。

国发〔1997〕26号文件实施前参加工作，本决定实施后退休且缴费年限累计满15年的人员，在发给基础养老金和个人账户养老金的基础上，再发给过渡性养老金。本决定实施后到达退休年龄但缴费年限累计不满15年的人员，不发给基础养老金；个人账户储存额一次性支付给本人，终止基本养老保险关系。

2. 社会医疗保险

社会医疗保险制度就是国家通过立法，强制性地由国家、单位和个人缴纳医疗保险费，建立医疗保险基金，当个人因疾病需要获得必需的医疗服务时，由社会医疗保险机构按规定提供医疗费用补偿的一种社会保险制度。

基本医疗保险费由单位和职工共同缴纳，用人单位缴费控制在职工工资总额的6%左右，职工缴费率一般为本人工资收入的2%。

基本医疗保险费实行社会统筹与个人账户相结合原则。建立统筹基金：设立社会统筹医疗基金是为了使一定区域范围内的社会群体之间的互助共济分担风险，来解决职工患"大病"时的高额诊疗费用问题，以体现社会公平原则；基本医疗保险制度实行社会统筹与个人账户相结合，将社会保险和储蓄保险两种模式有机结合起来，实现了"横向"社会共济保障和"纵向"个人自我保障的有机结合，既有利于发挥社会统筹共济性的长处，也有利于发挥个人账户具有激励作用和制约作用的优点，比较符合我国的国情。

主要政策规定有三条：一是统筹基金和个人账户要分开管理，分别核算，这就要求统筹基金要自求收支平衡，不得挤占个人账户；二是要明确统筹基金和个人账户的各自支付范围，这就要求制定统筹基金的起付标准和最高支付限额，一般个人账户主要用于门诊（小病）医疗费用支出，统筹基金主要用于住院（大病）医疗费用支出；三是要严格限定基本医疗保险医药服务的范围和给付标准，主要内容包括限定基本医疗保险的用药范围、诊疗项目范围和医疗生活服务设施范围，即超出这个基本医疗保险医药服务范围的医疗费用不在基本医疗保险基金中支付或只能部分支付。

3. 失业保险

所谓失业，是指在劳动范围内，有就业能力并且有就业要求的人口没有就业机会的经济现象。

失业保险则是指为保证失去工作的职工在失业期间获得一定的收入补偿而建立的社会保险制度。

我国的失业保险是由国家法律规定的，通过建立失业保险基金，使失业人员在失业期间获得必要的经济帮助，保证其基本生活，并通过转业训练、职业介绍等手段为其重新就业创造条件的一种社会保险制度。

（1）失业保险基金的来源失业

保险基金由下列各项构成：一是城镇企业事业单位、城镇企业事业单位职工缴纳的失业保险费；二是失业保险基金的利息；三是财政补贴；四是依法纳入失业保险基金的其他资金。

《失业保险条例》第六条规定城镇企业事业单位按照本单位工资总额的2%缴纳失业保险费。城镇企业事业单位职工按照本人工资的1%缴纳失业保险费。城镇企业事业单位招用的农民合同制工人本人不缴纳失业保险费。

（2）领取失业保险金必须具备的条件

第一，按照规定参加失业保险，所在单位和本人已按照规定履行缴费义务满一年的；第二，非本人意愿中断就业的；第三，已办理失业登记，并有求职要求的。失业人员在领取失业保险金期间，按照规定同时享受其他失业保险待遇。

（3）领取失业保险金

《失业保险条例》第十七条规定：失业人员失业前所在单位和本人按照规定累计缴费时间满1年不足5年的，领取失业保险金的期限最长为12个月；累计缴费时间满5年不足10年的，领取失业保险金的期限最长为18个月；累计缴费时间10年以上的，领取失业保险金的期限最长为24个月。重新就业后，再次失业的，缴费时间重新计算，领取失业保险金的期限可以与前次失业应领取而尚未领取的失业保险金的期限合并计算，但是最长不得超过24个月。失业人员在领取失业保险金期间享受以下待遇。第一，自选专业报名参加一次免费职业技能培训。失业人员在领取失业保险金期间，可免费参加劳动保障部门统一组织的职业技能培训。第二，医疗补助金。每月随失业保险金发放10元的医疗补助金。

4. 工伤保险

工伤又被称为"职业伤害"，指劳动者在从事职业活动或者与职业责任有关的活动时所遭受的事故伤害和职业病伤害。职业伤害是由生产工作环境中的不安全或危险因素直接或间接引起的事故造成的身体伤害。

工伤保险是国家通过立法，对在保险范围内的劳动者，因工作意外事故和职业病遭受意外伤害，丧失劳动能力的，提供医疗救治、职业康复、经济补偿和基本生活保障；对因工伤死亡的，对其遗属提供遗属抚恤等物质帮助的社会保险制度。

（1）工伤保险的适用范围

《工伤保险条例》第二条规定中华人民共和国境内的各类企业、有雇工的个体工商户（以下称用人单位）应当依照本条例规定参加工伤保险，为本单位全部职工或者雇工（以下称职工）缴纳工伤保险费。

中华人民共和国境内的各类企业的职工和个体工商户的雇工，均有依照本条例的规定享受工伤保险待遇的权利。

（2）工伤保险基金的缴纳和统筹

工伤保险基金由用人单位缴纳的工伤保险费、工伤保险基金的利息和依法纳入工伤保险基金的其他资金构成。职工个人不缴纳工伤保险费。工伤保险基金在直辖市和设区的市实行全市统筹，其他地区的统筹层次由省、自治区人民政府确定。

（3）工伤认定

《工伤保险条例》第十四条规定职工有下列情形之一的，应当认定为工伤：第一，在工作时间和工作场所内，因工作原因受到事故伤害的；第二，工作时间前后在工作场所内，从事与工作有关的预备性或者收尾性工作受到事故伤害的；第三，在工作时间和工作场所内，因履行工作职责受到暴力等意外伤害的；第四，患职业病的；第五，因工外出期间，由于工作原因受到伤害或者发生事故下落不明的；第六，在上下班途中，受到机动车事故伤害的；第七，法律、行政法规规定应当认定为工伤的其他情形。第十五条规定职工有下列情形之一的，视同工伤：第一，在工作时间和工作岗位，突发疾病死亡或者在48小时之内经抢救无效死亡的；第二，在抢险救灾等维护国家利益、公共利益活动中受到伤害的；第三，职工原在军队服役，因战、因公负伤致残，已取得革命伤残军人证，到用人单位后旧伤复发的。第十六条规定职工有下列情形之一的，不得认定为工伤或者视同工伤：第一，因犯罪或者违反治安管理伤亡的；第二，醉酒导致伤亡的；第三，自残或者自杀的。

（4）工伤申请职工发生事故伤害或者按照职业病防治法规定被诊断、鉴定为职业病，所在单位应当自事故伤害发生之日或者被诊断、鉴定为职业病之日起30日内，向统筹地区劳动保障行政部门提出工伤认定申请。遇有特殊情况，经报劳动保障行政部门同意，申请时限可以适当延长。

用人单位未按前款规定提出工伤认定申请的，工伤职工或者其直系亲属、工会组织在事故伤害发生之日或者被诊断、鉴定为职业病之日起1年内，可以直接向用人单位所在地统筹地区劳动保障行政部门提出工伤认定申请。

（5）工伤保险待遇

《工伤保险条例》第二十九条规定职工因工作遭受事故伤害或者患职业病进行治疗，享受工伤医疗待遇。《工伤保险条例》第五章对各种情况的工伤保险待遇作了具体的规定，这是职工享受工伤保险待遇的法律依据。

5. 生育保险

生育保险是国家通过立法，对怀孕、分娩女职工给予生活保障和物质帮助的一项社会政策。其宗旨在于通过向职业妇女提供生育津贴、医疗服务和产假，帮助他们恢复劳动能力，重返工作岗位。

生育保险根据"以支定收，收支基本平衡"的原则筹集资金，由企业按照其工资总额的一定比例向社会保险经办机构缴纳生育保险费，建立生育保险基金。职工个人不缴纳生育保险费。女职工生育的检查费、接生费、手术费、住院费和药费由生育保险基金支付。超出规定的医疗服务费和药费（含自费药品和营养药品的药费）由职工个人负担。女职工生育出院后，因生育引起疾病的医疗费，由生育保险基金支付。

女职工生育按照法律、法规的规定享受产假。产假期间的生育津贴按照本企业上年度职工月平均工资计发，由生育保险基金支付。

（二）住房公积金

1. 住房公积金概念

住房公积金，是指国家机关、国有企业、城镇集体企业、外商投资企业、城镇私营企业及其他城镇企业、事业单位、民办非企业单位、社会团体（以下统称单位）及其在职职工通过强制性储蓄的方式建立的一种个人住房消费专用基金。

按照国家《住房公积金管理条例》规定：国家机关、国有企业、城镇集体企业、外商投资企业、城镇私营企业及其他城镇企业、事业单位及其在职职工都应缴职工住房公积金。

2. 住房公积金的用途

实行公积金办法的职工个人按月缴交占工资一定比例的公积金，职工所在单位也按月提供占职工工资一定比例的公积金，二者均归职工个人所有，专门用于职工购买、建造、翻建、大修自住住房，任何单位和个人不得挪作他用。

3.住房公积金的缴存职工住房公积金的月缴存额为职工本人上一年度月平均工资乘以职工住房公积金缴存比例。单位为职工缴存的住房公积金的月缴存额为职工本人上一年度月平均工资乘以单位住房公积金缴存比例。新参加工作的职工从参加工作的第二个月开始缴存住房公积金，月缴存额为职工本人当月工资乘以职工住房公积金缴存比例。单位新调入的职工从调入单位发放工资之日起缴存住房公积金，月缴存额为职工本人当月工资乘以职工住房公积金缴存比例。职工和单位住房公积金的缴存比例均不得低于职工上一年度月平均工资的5%；有条件的城市，可以适当提高缴存比例。具体缴存比例由住房公积金管理委员会拟订，经本级人民政府审核后，报省、自治区、直辖市人民政府批准。

4.住房公积金账户余额的提取

职工有下列情形之一的，可以提取职工住房公积金账户内的存储余额：

（1）购买、建造、翻建、大修自住住房的；

（2）离休、退休的；

（3）完全丧失劳动能力，并与单位终止劳动关系的；

（4）出境定居的；

（5）偿还购房贷款本息的；

（6）房租超出家庭工资收入的规定比例的。

※【能力要求】

一、求职信的写法

（一）写求职信要注意的问题

（1）措辞要礼貌，对求职单位要加以一定的褒扬，并表示对该单位的向往之情，希望能到该单位工作。

（2）简洁、明了、表达自己对应聘职位的兴趣和期望，精心设计，具体地说明自己最突出的能引起用人单位特别的注意的能力和条件。

（3）对要求应聘的工作岗位，要特别写明，给用人单位一个考虑选择的机会。

（4）要突出招聘者的利益，不要一味强调自己的需要和期望。

（5）写求职信是一次非正式的考核，用人单位要通过信件了解您的语言修辞和文字表达能力，因此，求职信不宜太长，更不宜是简介的翻版，应自成一体。写求职信要坚持实事求是的原则，用成就和事实代替华而不实的修饰语，恰如其分地介绍自己。要突出重点、文字顺畅、字迹工整。

（二）求职信的结构

一般分为三个部分：第一部分写明要申请的职位和自己如何得知该职位的招聘信息的。第二部分主要是推销自己，即陈述个人技能和个性特征，以满足公司的要求。第三部分感谢对方阅读并考虑自己的应聘，希望迅速得到回音，并标明与自己联系的最佳方式。

二、个人简历的写法

（一）个人简历的结构

个人简历既可以是表格的形式，也可以是其他形式。一般应包括以下几个方面的内容："本人基本情况""求职意向""个人履历""本人的学习经历""本人的实践、工作经历""本人特长""联系方式"等基本要素。

1. 本人基本情况

本人基本情况包括：姓名、年龄（出生年月）、性别、籍贯、民族、学历、学位、政治面貌、学校、专业、毕业时间、身体状况、兴趣、爱好、性格等。

2. 求职意向

求职意向主要表明本人对哪些岗位、行业感兴趣。

3. 个人履历

个人履历主要是个人从高中阶段至就业前所获最高学历阶段之间的经历，应该前后年月相接。

4. 本人的学习经历

本人的学习经历主要列出大学阶段的主修、辅修与选修课科目及成绩，尤其是要体现与你所谋求的职位有关的教育科目、专业知识、外语及计算机掌握程度等。不必面面俱到（如果用人单位对你的大学成绩感兴趣，可以提供给他全面的成绩单，而用不着在求职简历中过多描述），要突出重点，有针对性。

5. 本人的实践、工作经历

本人的实践、工作经历主要突出大学阶段所担任的社会工作、职务，在各种实习机会当中担当的工作，取得的成绩等。

6. 本人特长

本人特长如计算机、外语、驾驶、文艺体育等。该部分应该浓缩自己的精华部分，写得简洁精练，切忌拖泥带水。个人简历后面，可以附上个人获奖证明，如三好学生、优秀学生干部证书，外语四、六级证书的复印件以及驾驶执照的复印件，各项专业证书的复印件，这些复印件能够给用人单位留下深刻的印象。

7. 联系方式

与封面所要突出的内容一样，一定要清楚地表明怎样才能找到自己，留下区号、电话号码、手机号、E-mail 地址。

（二）写个人简历应注意的问题

（1）个人简历一定要写得充实，有内容，有个性。至少能在一定程度上反映出毕业生的真实情况。

（2）个人简历有一二页即可，不可太长。简历的格式应便于阅读，有吸引力，并使人对自己和自己的目标有良好的印象。在简历中要充分展示你的专业特长和一般特长，强调过去所取得的成绩，最好能写出三种以上的成绩和优点，并且要讲究材料的排列顺序。

任何一个好的单位，他们收到的求职简历都会堆积如山。和自己的预想正好相反，没有哪个人事主管会逐一仔细阅读应聘者的简历，每一份简历所花费的时间一般都不超过两分钟。无法吸引他们注意的简历很可能被忽略而过，永久地沉睡在纸堆里，因此，突出个性、与众不同，便是设计个人简历成功的法宝。

（3）一般而言，白纸黑字应该是个人简历的最佳载体。打印排版时，注意间隔及字体的常规性，同时注意语法、标点用法，避免错别字的出现。

（4）不要写那些对自己的择业不利的情况，如对薪水的要求和工作地点的要求。就是好的成绩也不必全写上，主要写专业课的成绩就可以了。

（5）表格上方要贴上一张一寸近照。

三、订立劳动合同的方法

（一）劳动合同的条款及类型

1. 必备条款

用人单位的名称、住所和和法定代表人或者主要负责人；劳动者的姓名、住址和居民身份证或者其他有效的身份证件号码；劳动合同期限、工作内容和工作地点、工作时间和休息休假、劳动报酬、社会保险、劳动保护、劳动条件和职业危害防护；法律、法规规定应当纳入劳动合同的其他事项。

2. 约定条款

劳动合同除前款规定的必备条款外，用人单位与劳动者还可以约定试用期、培训、保守秘密、补充保险和福利待遇等其他事项。

劳动合同分为固定期限劳动合同、无固定期限劳动合同和以完成一定工作任务为期限的劳动合同。

（二）订立劳动合同应注意的问题

（1）用人单位自用工之日起即与劳动者建立了劳动关系。用人单位应当建立职工名册备查。

（2）用人单位招用劳动者时，应当如实告知劳动者工作内容、工作条件、工作地点、职业危害、安全生产状况、劳动报酬，以及劳动者要求了解的其他情况；用人单位有权了解劳动者与劳动合同直接相关的基本情况，劳动者应当如实说明。

（3）用人单位招用劳动者，不得扣押劳动者的居民身份证和其他证件，不得要求劳动者提供担保或者以其他名义向劳动者收取财物。

（4）建立劳动关系，应当订立书面劳动合同。已建立劳动关系，未同时订立书面劳动合同的，应当自用工之日起一个月内订立书面劳动合同。

用人单位与劳动者在用工前订立劳动合同的，劳动关系自用工之日起建立。

（5）用人单位未在用工的同时订立书面劳动合同，与劳动者约定的劳动报酬不明确的，新招用的劳动者的劳动报酬按照集体合同规定的标准执行；没有集体合同或者集体合同未规定的，实行同工同酬。

（6）劳动合同分为固定期限劳动合同、无固定期限劳动合同和以完成一定工作任务为期限的劳动合同。

（7）固定期限劳动合同，是指用人单位与劳动者约定合同终止时间的劳动合同。用人单位与劳动者协商一致，可以订立固定期限劳动合同。

（8）无固定期限劳动合同，是指用人单位与劳动者约定无确定终止时间的劳动合同。最新劳动法规定：

用人单位与劳动者协商一致，可以订立无固定期限劳动合同。有下列情形之一，劳动者提出或者同意续订、订立劳动合同的，除劳动者提出订立固定期限劳动合同外，应当订立无固定期限劳动合同。第一，劳动者在该用人单位连续工作满十年的；第二，用人单位初次实行劳动合同制度或者国有企业改制重新订立劳动合同时，劳动者在该用人单位连续工作满十年且距法定退休年龄不足十年的；第三，连续订立二次固定期限劳动合同，且劳动者没有本法第三十九条和第四十条第一项、第二项规定的情形，续订劳动合同的。用人单位自用工之日起满一年不与劳动者订立书面劳动合同的，视为用人单位与劳动者已订立无固定期限劳动合同。

（9）以完成一定工作任务为期限的劳动合同，是指用人单位与劳动者约定以某项工作的完成为合同期限的劳动合同。用人单位与劳动者协商一致，可以订立以完成一定工作任务为期限的劳动合同。

（10）劳动合同由用人单位与劳动者协商一致，并经用人单位与劳动者在劳动合同文本上签字或者盖章生效。

劳动合同文本由用人单位和劳动者各执一份。

（三）试用期的规定

劳动合同期限三个月以上不满一年的，试用期不得超过一个月；劳动合同期限一年以上不满三年的，试用期不得超过二个月；三年以上固定期限和无固定期限的劳动合同，试用期不得超过六个月。同一用人单位与同一劳动者只能约定一次试用期。以完成一定工作任务为期限的劳动合同或者劳动合同期限不满三个月的，不得约定试用期。试用期包含在劳动合同期限内。劳动合同仅约定试用期的，试用期不成立，该期限为劳动合同期限。劳动者在试用期的工资不得低于本单位相同岗位最低档工资或者劳动合同约定工资的80%，并不得低于用人单位所在地的最低工资标准。用人单位自用工之日起满一年不与劳动者订立书面劳动合同的，视为用人单位与劳动者已订立无固定期限劳动合同。

（四）劳动合同的无效

下列劳动合同无效或者部分无效。

（1）以欺诈、胁迫的手段或者乘人之危，使对方在违背真实意愿的情况下订立或者变更劳动合同的；

（2）用人单位免除自己的法定责任、排除劳动者权利的；

（3）违反法律、行政法规强制性规定的。对劳动合同的无效或者部分无效有争议的，由劳动争议仲裁机构或者人民法院确认。劳动合同部分无效，不影响其他部分效力的，其他部分仍然有效。劳动合同被确认无效，劳动者已付出劳动的，用人单位应当向劳动者支付劳动报酬。劳动报酬的数额，参照本单位相同或者相近岗位劳动者的劳动报酬确定。合同样本（全员劳动合同）：

劳动合同

合同编号

甲方：　　　　　　　　　　乙方：
单位名称：　　　　　　　　姓名：
法定代表人：　　　　　　　性别：
委托代理人：　　　　　　　出生年月：
厂址：　　　　　　　　　　家庭住址：
所属区：根据《上海某印刷厂实行全员劳动合同制暂行规定》（以下简称《暂行规定》）和上海市劳动局《本市全民所有制企业实行全员劳动合同制试行办法》的有关规定：在平等自愿、协商一致的原则下，双方订立合同如下：合同类别和合同期限。

一、合同期限

本合同期限经双方协商一致，采取下列第　　种形式：

1. 固定期限：自　年　月　日起至　年　月　日止。其中，试用期自　年　月　日起至　年　月　日。

2. 无固定期限：自年月日起。其中，试用期自年月日起至年　月　日。

3. 以完成一定工作任务为期限：自年月日起至年月日止。

二、工作岗位

1. 甲方根据生产和工作的需要，并参照乙方的工作技能或特长，经考核后择优上岗或安排适当的工作。上岗前应按照《上海某印刷厂岗位聘用实施办法》与所在部门签订上岗聘约。上岗聘约为本合同附件。

2. 甲方因生产和工作需要或根据乙方的工作能力和表现情况，可调动乙方的工作部门工作岗位，在征求乙方意见时，如无特殊情况，乙方应以服从为原则。

3. 双方有关岗位聘用、解聘等事项按《上海某印刷厂岗位聘用实施办法》和《上海某印刷厂职工下岗待聘的暂行规定》办理。

三、双方的责任和义务

1. 甲方应根据国家有关劳动保护、安全生产的法规制度，采取有效措施，为乙方提供良好的劳动环境和工作条件，加强对职工的安全、卫生和劳动保护，并根据生产和实际工作需要发给乙方必要的劳保用品和保健营养待遇。同时，对女职工应酌情实行特殊保护。

2．甲方根据企业生产和经济发展情况，不断提高和改善职工生活福利待遇，并提供必要的集体生活设施和娱乐场所。

3．甲方根据生产和工作需要，对职工提供必要的专业技术培训和业务进修条件，并进行政治文件学习、安全生产和厂规厂纪教育等。

4．乙方有参加甲方民主管理，获得政治荣誉和物质奖励的权利。

5．乙方上岗后应按照甲方的生产和工作要求，掌握本岗位的工作技能和操作规程，按质按量地完成各项规定的生产和工作任务，并接受甲方职能部门的有关考核。

6．乙方在合同期内，应有良好的职业道德和主人翁精神风貌，维护企业声誉，爱护集体财产。

四、劳动报酬

1．甲方实行本企业的内部工资分配形式并根据"按劳分配"的原则，按照岗位的劳动技能高低、工作责任大小、劳动强度和劳动条件优劣情况，确定不同工种的劳动报酬，随着生产经营发展和经济效益增长情况，逐步提高乙方劳动报酬和有关福利待遇。

2．乙方工资、奖金、浮动工资、岗位工资、加班工资和相应的福利津贴等，仍按甲方现行的规定按月发放。

3．乙方在生产或工作中有突出贡献或特殊成绩的，甲方可给予必要的精神鼓励和物质鼓励或晋级工资。

五、福利待遇和劳动保险

1．在劳动合同期间，乙方仍享受统一规定的有关津贴，物价补贴、计划生育、住房补贴、养老保险、独生子女费以及法定的公休节假日、探亲假、婚丧假、产假和甲方规定的职工休假等。

2．在劳动合同期间内，乙方因工或非因工死亡的待遇以及家属劳保待遇等仍按国家现行政策规定执行。

3．劳动合同期间，乙方患病或非因工负伤期间的有关待遇仍按国家现行的有关政策和本单位规章制度执行。对乙方的停工医疗期按《上海某印刷厂实行全员劳动合同制的暂行规定》中的有关条款执行。

4．被列入下岗待聘范围的人员，其各种待遇按照《上海某印刷厂下岗待聘的暂行规定》执行。

5．乙方到达离退休年龄，其离退休待遇仍按国家现行政策规定执行。

六、劳动纪律

乙方在劳动合同期间内必须自觉地遵守国家的有关法规法纪、遵守劳动纪律和甲方制定的各种规章制度，如有违纪违章行为，甲方有权按有关厂规厂纪规定给予必要的处罚。

七、合同的变更、终止和解除

1. 凡有固定期限的劳动合同，期限届满时即为终止，甲乙双方经协商后可续订劳动合同。

2. 合同双方在履行劳动合同过程中，如发生特殊情况，无法履行劳动合同的有关内容，经双方协商一致后，可变更劳动合同的有关内容，但必须办理变更手续。

3. 职工到达规定的离退休年龄或因病丧失劳动能力提前退休时，劳动合同自然终止。

4. 在劳动合同期间，任何一方要求解除劳动合同，除属《上海某印刷厂实行全员劳动合同制暂行规定》中的第十六条第一、二、三、四款之外，必须提前一个月以书面形式通知对方，方可办理解除劳动合同的手续。

5. 在劳动合同期限内，乙方如属《暂行规定》中第十六条规定之一的，甲方可以解除劳动合同。

6. 乙方在劳动合同期限内，如遇有《暂行规定》第十八条规定之一的，甲方不得解除劳动合同。

7. 乙方在劳动合同期限内，如遇有《暂行规定》第十七条规定之一的，可向甲方提出解除劳动合同。

8. 被解除劳动合同的乙方人员，甲方根据《暂行规定》的有关条款办理有关手续。

八、违约责任

1. 在合同期内，甲方除《暂行规定》第十六条、第十九条、乙方除《暂行规定》第十七条规定的条件外，均不得解除合同或自行离职，否则应支付违约金500元。

2. 甲乙双方必须严格履行劳动合同，除遇有特殊情况，经双方协商一致不能履行劳动合同的有关内容外，任何一方违反合同给对方造成经济损失的，应根据其后果和责任大小，给对方赔偿经济损失。赔偿金额按有关规定或实际情况确定。

3. 凡由甲方出资对乙方进行培训、学历学习、进修或分房的人员，其有离职、调动或违约时，均按《上海某印刷厂关于职工在服务期内离岗及违约赔偿办法》有关规定执行。

九、双方需要约定的有关条款

1. 本合同未尽事宜，均按《暂行规定》的有关规定办理。

2. 本合同的有关规定在执行过程中，如与国家新颁布的有关规定相抵触时，应按国家规定执行。甲乙双方需要修订或补充的，可协商修订补充。

十、劳动争议的调解、仲裁

因履行劳动合同发生争议，当事人应当从知道或应当知道其权利被侵害之日起六个月内向企业劳动争议调解委员会申请调解,也可在争议发生之日起六个月内或企业调解不成三十日内,按规定向虹口区劳动争议仲裁委员会申请仲裁。

本劳动合同依法成立,具有法律效力,经甲乙双方签字后生效。此合同一式两份。企业和劳动者各执一份。

甲方: 乙方:

法定代表人(签章):(盖章或签名)

委托代表人(签章):

合同签订日期: 合同签订日期:

  年 月 日

  年 月 日

鉴证

单位:

鉴证

日期:

注:签订本劳动合同必须用钢笔或签字笔书写,不得使用圆珠笔。

案例一

材料:

1. 某校现代财务管理专业的毕业生张某与某集团公司经过双向选择、面试考核,终于进入签约阶段,协议书首先由毕业生本人签署应聘意见,该生在"应聘意见"一栏中写下了以下6条要求:(1)从事财会工作;(2)每周工作五日,每日八小时工作制;(3)解决户口,提供单身住房;(4)住房公积金、劳动保险、养老保险等相关支出均由公司负担;(5)每半年调薪一次;(6)公司不限制个人发展(如考研等)。单位鉴于以上条件不能完全答应,将协议书退回。最终,该生因坚持自己的意见而未能被录用。

2. 毕业生小刘学习成绩和其他方面条件都不错,在就业的初期满怀信心。但由于专业冷门等原因,找过几家单位都碰了壁,结果产生了自卑感,在后来的择业过程中表现越来越差,陷入恶性循环而不能自拔,以至于到了新的用人单位那里,只能被动地问人家"学某某专业的要不要",其他什么话都不敢讲,最终未能落实就业单位。

3. 毕业生小王来自云南罗平,直到当年3月份他还未落实工作单位。小王的老师去参加国家医药管理局的供需见面协调会,顺便将他的应聘材料带去帮他落实单位,刚好有一家制药厂要小王,专业对口,又是家乡,比较好。然而他本人的择业意向却是单位地点必须在昆明市,至于到昆明的什么单位、具体做什么工作都无关紧要,除此以外,什么单位都不考虑。在这种心态下,结果自然难以如愿。

问题:请你分析他们最终不能就业的原因?

案例二

材料：

1.某学院推荐吴某参加面试时，他自始至终都保持着积极的心态，参加面试前就积极准备。第一次面试后，他自己根据对企业网络结构的了解，绘制了企业服务器环境搭建的拓扑图，并在第二次面试时，详细地向企业面试人员讲述了自己的思路，获得了企业的高度认可，顺利地进入该公司，并很有可能升任为公司的网络主管。

吴某任课老师的评语：吴某是一个很善于寻找学习方法的学生，并积极的去了解和学习课程之外的相关技术，扩展自己的知识面。通过这些方式，使他的学习能力有很大的提高。

2.无限立通公司在招聘时，要求应聘者参加一周的无薪上岗培训，熟悉公司的业务，考核合格者方能够入职。和李某一同参加培训的有20多人，其中不乏学历高、有工作经验者。李某在培训期间突出了自己学习能力强，认真踏实的特点，最终从参加培训者中脱颖而出，成为无限立通的一员。

李某班主任老师评语：李某作为一名来中心之前没有计算机专业基础的女学生，认真的学习态度，务实的作风，成就了李某优异的学习成绩，也使得她能够在刚走出中心，就找到了不错的工作职位。

3.李某从民办大学毕业后，面对激烈的竞争压力，决心来到北大青鸟昌平校区参加BENET网络工程师的培训，通过专业老师的精心辅导及自己刻苦的学习，顺利拿到青鸟的认证后被中国网通高薪聘请，任网络安全工程师。

李某的班主任老师说，李某平时就很善于学习，有股不服输的精神，知道专业技术证书的重要性，在学习上有很强的主动性。

问题：试分析，他们成功的原因是什么？从中你有什么感受？

案例三

材料：

一则广告，"好又来蛋糕店急招蛋糕师一名，工资2000~2500元；面包师、西饼师各一名，工资1500~2000元，具体要求电话面谈。地址：湖北荆州。"

李某是一名做蛋糕不久的学徒，按照上面的电话打过去询问，对方说是大学附近的一家蛋糕店，当时谈好的条件是学徒期第一个月550元的工资，以后按照广告的工资标准，包食宿。

当时李某没觉得有什么不对劲，于是隔了几天就去了。后来李某觉得这是他一生中做出的最愚蠢的选择。那并不是什么蛋糕店，在李某到达荆州不久，他们派人来接，当时因李某身上没带什么钱，所以并无防备心理，结果还是入了魔穴！

这是一个组织精密的，以蛋糕店为幌子的，专门蒙骗蛋糕面包行业的求职人员的非法传销组织。李某被他们扣留在一个藏匿在一处居民小区内的传销窝点里，那里大约有十几名非法传销人员，李某携带的手机等物品被强行拿走，根本无法与外界取得联系。当时被扣留的还有另一名前来求职的蛋糕师傅。现在想起当时的一幕，还有点后怕。

问题：请你分析一下，此人为什么会上当？

第四章　创业意识与创业能力

第一节　创业观与创业意识

一、创业道路的选择

（一）创业与择业

创业和择业是两个不同的概念，"创"意味着开辟、创新；"择"意味着选择、寻找。所谓创业是指通过发挥自己的主动性和创造性，开辟新的工作岗位、拓展职业活动范围、创造新的业绩的实践过程；所谓择业是指个人根据自己的意愿和社会的需要，主动选择自己所从事的工作的过程。在个人的职业生涯中，择业与创业并不是两个孤立的环节，择业既是创业基础，创业又是择业的内在要求，两者是相互联系、不能截然分开的。

每个大学生都要面对创业和择业的问题，我们要认识到，主动创业和自主择业是社会对当代大学生提出的客观要求，尤其主动创业是当代大学生自我实现价值的重要方式。在国家完善支持自主创业、自谋职业政策的前提下，大学生要通过就业观的调适和自身素质的提高，努力使自己成为创业者。

（二）树立正确的创业观，走自主创业之路

近年来，随着我国经济快速发展，就业再就业工作虽取得明显成效，但就业形势依然严峻。针对这种情况，大学生要做好思想准备，鼓足勇气，提高能力，树立正确的创业观，积极走自主创业之路。

1. 要善于发现创业机会，做好积极创业的思想准备

择业是起点，创业是追求。如果一个人选择了职业之后却采取消极、应付的态度，就有可能失去已经得到的职业。创业是拓展职业生活的关键环节。创业机会稍纵即逝，在就业压力较大的社会环境中，创业者要时刻保持强烈的创业意识，做好充分的思想

准备，只有抓住创业机会，才能获得更好的发展机会，甚至还能帮助别人就业。

2. 要鼓足创业勇气，培养创业精神

创业艰苦磨难多。因此，只有创业的思想准备是不够的，还要有创业的勇气，有勇气者才敢于创业、善于创业和成功创业。为提高大学生的创业成功率，高等院校应加强培养创业技能和主动创业精神，当代大学生不仅是求知者，而且是工作岗位的创造者。大学生要破除依赖心理和胆怯心理，勇敢地接受创业的挑战，做一个勇敢的创业者。

3. 要提高创业的专业能力

创业需要勇气，但需要的是智勇，而不是蛮干。大学生在创业的问题上除了要具有立足创业、勇于创业的思想准备，还要努力提高自己的创业能力。例如：决策能力、经营管理能力、专业技术能力与综合能力等。打破"学历本位"的观念，树立"能力本位"的意识，努力提高自主创业能力。

4. 要加强社会交往能力，树立合作意识

大学生的创业过程不是孤立的，人际关系在创业中的作用逐渐加大，人脉圈日益成为创业信息、资金、经验的重要提供者，因此，大学生需要加强社会交往能力。同时，鼓励联合创业，团队在一起创业，分享各自的知识和经验，从而为大学生创业的成功创造更多的机会。

二、创业意识的培养

（一）创业意识的概念和现状

1. 创业意识概念

创业意识是指在创业实践活动中对创业者起动力作用的意识倾向，包括创业的需要、动机、兴趣、理想、信念和世界观等要素。创业意识集中表现了创业素质中的社会性质，支配着创业者对创业活动的态度和行为，并规定着态度和行为的方向、力度，具有较强的选择性和能动性，既是创业素质的重要组成部分，也是人们从事创业活动的内在驱动力。

创业意识源自人的一种强烈的内在需要，即创业需要。创业需要是创业活动的最初诱因和最初动力。当创业需要上升为创业动机时，就形成了心理动力。创业动机对创业行为产生促进、推动作用，有了创业动机就意味着创业实践活动即将开始，而创业兴趣可以激发创业者的深厚情感和坚强意志，使创业意识得到进一步升华。一般在创业实践活动取得一定的成效时，便引起兴趣的进一步提高。创业理想属于创业动机范畴，是对未来奋斗目标的向往和追求，是人生理想的组成部分。有了创业理想，就意味着创业意识已基本形成。创业者为了实现创业理想，在创业活动中经过艰苦磨炼，逐渐建立起创业的信念。创业信念是创业者从事创业活动的精神支柱。创业世界观是创业意识的最高层次，是随着创业者创业活动的发展与成功而使创业者思想和心理境界不断升华而形成的，它使创业者的个性发展方向、社会义务感、社会责任感、社会使命感有机地融合在一起，把创业目标视为奋斗目标。

2. 我国公民创业意识现状

多年以前，我国就曾有句流行的口号：十亿人民九亿商，还有一亿要开张。据不完全统计，中国人的个人创业意识普及率居世界之最。个人创业的念头几乎在每一个中国人的心目中闪动过，为实现个人价值的最大化发挥，为了解决自己的物质或是精神需要问题，或者是为了摆脱工作对自己的束缚，个人创业，这条路被许多国人视为达到理想彼岸的金光大道。于是，当国家政策开始松动时，国人的创业热情迅速爆发出来，在改革开放初期，涌现出来的个体户就是新中国第一批个人创业的典型代表，现在改革开放已过去四十多年了，个人创业的光环依然吸引着越来越多的跟随者。现在，连许多缺乏基本商业经验和社会经验的青年学生也加入创业大军中来了。

然而，创业不是乌托邦式的理想和信念，光凭一腔热血和美好梦想是不能顺利到达胜利彼岸的。成功的创业，应是在良好的创业心态条件下，只有通过科学的前期规划，多角度观察、理性分析，有效的资源聚集与整合，成熟高效的技能运作等重要的环节来作为支撑，才能保障创业的稳健起步和成功率。而实际上众多的初创者对待个人创业问题往往是凭着自己的感觉，很少进行理性的市场系统分析与专项研究，而更多是依据个人的市场操作经验和阅历来作为基础，再融合一些个人对新产品的直观感觉，就做出了判断，结果是成功率非常低。当前个人创业市场存在一个矛盾局面，一方面，是大量的创业者前赴后继地进行个人创业；另一方面，我们又不得不面对仅仅百分之五都不到的创业成功率。即便如此，还是挡不住势头汹涌的新创业者，毕竟个人成功的希望，改善物质生活的吸引力还在充当着强大的驱动力因素，青年学生中不乏创业成功者。

（二）青年学生应具备的创业意识

1. 树立远大理想、发现机遇的意识

一般认为成功的创业者应该是善于发现机遇的人，是习惯于创造理想的人。理想会指引创业者去寻找、捕捉机遇，并将机遇转化为自己所追求的事业。例如，当微软刚开始创业的时候，其创始人比尔·盖茨就提出这样一个伟大的理想，让计算机进入家庭，并放在每一张桌子上。进入21世纪后，微软又提出新的理想：通过优秀的软件赋予人们任何时间、任何地点、通过任何设备进行沟通和创造的能力。微软每一次的成功都得益于一个又一个的理想。

2. 追求理想、专注热爱的意识

创业者仅有理想还不够，还要能够把理想进行优选提炼，凝聚成为一生的热爱和追求，只有把这种热爱和追求与所创业的领域融为一体，才能保证有足够的耐心和坚韧、有足够的勇气和信心，去战胜各种艰难险阻和困境挫折，坚定不移地走自己认定的道路。

3. 学习新知、进取提升的意识

任何事业的长久发展，都需要树立不断学习新知识、新经验、新技能，补充自身不足、提高自身水平的强烈意识。创业者要想实现自己的蓝图，就必须勇于突破职业、年龄、性别、环境等诸多条件的限制，以强烈的好奇心和求知欲，对凡是有益于事业的东西，都要如饥似渴地学习，不断地完善自己。

4. 依据社会公理，确立创业理念的意识

在当今信息繁杂和知识爆炸的年代，创业者必须坚信的是：付出必有回报。因为市场经济的基本规律是等价交换，无论任何人，只有与社会和谐共存，为社会做出贡献，才能长久地生存发展；同时，坚信"人之初、性本善"的基本人性不会改变，然后用这些基本的原理原则与实际相结合，进行科学理性地逻辑分析推理，构建一系列指导自己和团队行动的理论体系。其中，团队的远景、核心价值观和使命是企业稳健发展的命脉，是企业战略决策清醒正确的保证。像世界500强著名企业 IBM 创始人托马斯·汉森，从创立公司之始，就依据社会和经营的基本原理，确立了明确的企业原则和坚定信念。例如，依据以人为本的理论，确定必须尊重个人的理念；依据市场经济等价交换的原理，确定必须尽可能给予顾客最好服务的理念；依据物以稀为贵、付出即有回报的原理，确定必须追求卓越工作表现的理念。

5. 突破常规、创新创造的意识

创业者的经历、素质、所从事的行业领域各不相同，创业过程中遇到的困难也不相同，只有靠创业者的创新与突破，才能有所作为。任何的创业，都是一种探索，一切都要因时、因地、因人、因事而异。离开创新和创造，创业就不复存在。简单的模仿前人成功的经验做法是不能创业成功的。因为如今的世界，信息瞬间万变、科技日新月异、消费者需求永无止境，只有不停地创新创造，才能跟上时代的潮流，才能在异常激烈的竞争中站稳脚跟，脱颖而出。

6. 调节情绪保持平和心态的意识

创业过程是艰苦的，创业者承受的心理压力是常人难以想象的。如果无法承受压力就会迷失方向，后果则不堪设想。创业者要成功创业，就必须始终保持清醒和理智，处变不惊，排除外在的干扰或诱惑。

7. 关注细节、紧盯结果的意识

"天下大事必作于细"，成功的创业者，深刻地理解细节决定成败。我们任何一个理想和目标，都要靠脚踏实地、一步一步去实现，同样，我们在做任何工作，关注工作中的每一个细节时，时刻要牢记自己的目标是什么，警觉并预测自己的行动会导致什么样的结果。只有以目标和结果为导向的细节意识，才是创业成功的重要保证。否则，要么是迷失方向的徒劳，要么是眼高手低的空谈。

8. 改造员工、影响他人的意识

创业初期的团队，人力资源一般是匮乏的。团队内部或是缺乏知识技能，或是缺少经验素养；团队外部社会关系生疏，可以调动借用的外部资源稀缺。因此，创业者必须有强烈地影响和改造他人的意识。对内，创业者必须努力来提高员工素养、培养团队精神、凝聚团队力量；对外，创业者本人必须要有强烈的意识去影响和改造与自己事业有关联的组织和个人，如政府职能部门、媒体、投资者、经销商、消费者等，最大限度地改善外部环境，调动所有力量来支持自己的事业。

9. 居安思危、与时俱进的意识

创业是一种风险很大的社会实践活动。一般而言，创业者在刚开始创业的时候，还是具有比较强的拼搏进取精神，也比较能吃苦耐劳、勤俭节约，但等创业有了少许成就之后，由于不愿再承受更多的压力和责任，很多人会产生贪图享受、不思进取的心理，从此失去了刚刚创业时期的那种敏锐和忧患意识，而真正的危机恰恰就在这时降临。据统计，民营企业的平均寿命只有 3 年，根源就在这里。创业者往往把过去一些成功的做法加以僵化，不管条件变化与否，都当作经验教条来奉行，违背了实事求是，必然会犯错误。所以说，保持居安思危、与时俱进的意识，是创业者永葆青春与活力的根本保证。

（三）青年学生创业意识的培养

青年学生树立与培养的创业意识，走上自主创业之路，不仅能促进自身成长成才，还可以拓宽就业渠道，增加社会就业岗位，实现就业渠道的多元化。具体而言，青年学生培养创业意识应做到以下几点。

1. 树立远大理想，坚定报国信念

坚持用科学的理论武装头脑，树立正确的人生观、价值观和世界观，坚定为实现中华民族的共同理想、为祖国的现代化建设奉献自己的智慧和力量的决心。

2. 不畏艰难，勇于拼搏

培养强烈的事业心和责任感，刻苦钻研，努力学习，牢固掌握专业知识及技能；树立高标准、严要求，不怕困难，勇于创新、敢于创业，争创一流的思想，从而激发创业意识。

3. 培养脚踏实地的创业作风

在日常工作与学习中，要坚持解放思想与实事求是相统一，既要敢想敢干，又要求真务实，积极参与各种创业与创新实践活动。

4. 积极投身社会实践，养成善于观察、勤于思考的良好习惯

在实践中锻炼自己、了解社会、了解自我，完善素质、提高能力；通过对事物的

观察和思考，激发创业需要，树立创业理想，坚定创业信念。

5. 摒弃安逸思想，培养自强不息的精神

创业活动过程会遇到很多困难，随遇而安的安逸思想是不可能成就一番事业的。同时要注意培养个人自强不息的精神，积极进取，不安于现状，使创业需要发展为创业动机。

6. 发展健康个性与兴趣

健康的个性与兴趣可以激发创业者的创业热情，升华创业意识，是创业意识形成的重要因素。因此，要发展健康个性和兴趣的自由空间，积极参加兴趣小组和社团的活动，有意识地培养兴趣、发展兴趣。

第二节 创业精神和创业素质

一、创业精神

（一）创业精神的概念、特征和内容

1. 创业精神的概念

创业精神的主要内容为创新，也就是创业者通过创新的手段，在将资源更有效地利用，为市场创造出新的价值的过程中所具备求新、求变、求发展的心态。创业精神类似一种能够持续创新成长的生命力，包括个体的创业精神及组织的创业精神。所谓个体的创业精神，指的是以个人力量，在个人意愿引导下，从事创新活动，并进而创造一个新企业；而组织的创业精神则指在已存在的一个组织内部，以群体力量追求共同意愿，从事组织创新活动，进而创造组织的新面貌。只要创业者以创造新价值的方式为新企业创造利润，那么我们就能说这一过程中充满了创业精神。

2. 创业精神的特征

创业精神是一种思想方式和追求。它贯穿高等院校的课堂教学和课外活动之中，培养学生的创新意识、创造精神和创业能力，让学生毕业后大胆走向社会、自主创业。创业思想教育包括创业意识的培养、创业动机的确立和创业精神的养成，目的是为了让受教育者形成正确的创业思想。开展创业思想教育，关键是创业精神的养成。同时，既要鼓励学生敢于在新兴的领域和行业去艰苦创业，也要支持学生敢于自主创业，学会自我发展，培养学生具有创业的胆量、勇气和开拓创新精神。

创业精神是一个发觉机会、组织资源、创建企业、提供市场价值的过程，即某个人通过有组织的努力，有效地利用资源，以创新的和独特的方式追求机会、创造价值和谋求增长。创业精神包括发现机会和调度资源去开发这些机会，其主要包括三个主

要内容有：一是对机会的追求。创业精神积极追求环境的趋势和变化而且往往是尚未被人们注意的趋势和变化。二是创新变革。创业精神包含了变革、革新、转换和引入新方法，即新产品、新服务或者是做生意的新方式。三是增长。创业者追求价值增长，不满足于停留在小规模或现有的规模上，创业者希望企业能够尽可能的增长。因此创业者不断寻找新趋势和机会，不断地创新，不断地推出新产品和新的经营方式。

3. 创业精神的内容

在计划经济体制下，形成的"统招统分"的高等教育体制，大学生毕业时，由国家下达统一的指令性分配计划，由各级人事部门和高校计划把毕业生分配到各用人单位，全部毕业生都有工作单位，这使毕业生和用人单位都处于被动地位，养成了学校和学生对国家管理机构的依附心理。随着我国社会主义市场化进程的推进，逐步形成了"供需见面，双向选择"的就业模式，这种新的就业模式，使毕业生和用人单位从被服从的地位变为就业市场中两个平等的主体，双方都有自主的选择权，这就要求青年学生要有更高的素质来面对选择，更强的独立创业精神来迎接挑战。现在青年学生为适应社会变革，所要努力培养的是独立创业精神，其基本内涵体现在以下几方面。

（1）独立生存的自信心现代教育理论依据现代人格的特点，提出了"学会生存"这一新的主题，这意味着现代教育中学习理念发生了转型。这里所谓"生存"，首先是指一个人自然生命的存在与延续，更重要的是指具有主体意识的人独立开辟生活道路、并自主创造人生价值的能力。传统人格对国家、对社会、对家庭具有较强的人身依附性，而现代人格强调个人独立自主，有独立面对生活，迎接挑战的勇气和信心，其中包括在不同环境中从事不同职业、遇到各种情况时人际交往能力、应对和处理问题的能力。

（2）锐意创新的进取心要想在变革日新月异的现代社会，占据有利地位，不断创新的进取心，是不可或缺的，青年学生处在人生的黄金时期，要注重培养敢冒险、寻求变革和锐意创新的精神，并保持昂扬斗志。

（3）广泛关怀的责任心具有独立创业精神的人，不是信奉个人主义的自私自利者，在社会生活中应当具有广泛的人文关怀，表现出个人对社会、对国家、对他人的责任，并自觉履行它，把握和促进人与自然、人与社会的和谐发展。真正接受过高等教育的人，更应当树立崇高的人生目标，不仅知道"何以为生"，掌握生存的基本技能，而且更要理解"为何而生"，认识生存的意义和价值，始终坚持真、善、美的价值原则。

（二）创业精神的培养

联系我国高等教育的实际情况，在青年学生中要培养创业精神，应当做到以下几点。

1. 坚持知识、能力、素质的辩证统一

要培养具有独立创业精神的新型人才，就必须坚持知识、能力、素质的辩证统一。知识是能力和素质的载体，包括科学文化知识、专业基础与专业知识、相邻学科知识等。

能力是在掌握了一定知识基础上经过培养和实践锻炼而形成的，丰富的知识可以促进能力的增强，较高的能力可以促进知识的获取。能力主要包括获取知识的能力、运用知识的能力、创新能力。素质是指人在先天生理基础上，受后天环境教育影响，通过个体自身的认识和社会实践，养成的比较稳定的身心发展的基本品质，高的素质可以使知识和能力更好地发挥作用，促进知识和能力进一步扩展和增强。只有坚持知识、能力、素质的辩证统一，注重素质教育，重视能力的培养，才能适应21世纪经济社会发展对人才的需要。

2. 突出创新能力

创新能力是指人们产生新认识、新思想和创造新事物的能力。创新能力涉及一个人的多种能力，如认知能力、记忆能力、判断能力、分析能力、自学能力、信息能力等，是一个人综合能力的具体体现。因此，我们在培养大学生创新能力时应注意对组成创新能力的各种相关能力的全面培养，这样才能全面提高大学生的创新能力。具体而言，培养大学生的创新能力首先要转变教育观念，改革教育方式，构建合理的课程体系，同时积极营造创新教育环境，重视学生的首创精神，保证创新能力培养工作的健康稳步推进。

3. 提高学生的实践能力

在教育过程中，要充分认识到学生是主体，要转变长期以来形成的由教师单向传授知识，以考试分数作为衡量教育成果的唯一标准。鼓励学生利用课余时间参加一定的社会实践活动，增强学生对社会的了解并进而加强对社会的适应能力；创立、创建学生能进行综合动手试验的实践环境，认真做好毕业实习工作。21世纪是信息的时代，要重视和加强培养学生收集处理信息的能力、获取新知识的能力、分析问题和解决问题的能力。

4. 锻炼学生心理素质

依据青年学生的心理特点，有针对性地讲授心理健康知识，开展辅导或咨询活动。帮助青年学生树立心理健康意识，增强心理调适能力和社会生活的适应能力，预防和缓解心理问题。帮助他们处理好环境适应、自我管理、学习成才、人际交往、求职择业、人格发展和情绪调节等方面的困惑，使青年学生认识自身，了解心理健康对成才的重要意义，树立心理健康意识，寻求增进心理健康的途径，自觉培养坚韧不拔的意志品质和艰苦奋斗的精神，提高承受和应对挫折的能力，促进德智体美等全面发展。

总之，独立创业精神的培养既取决于客观教育条件，又依赖于学生主观的努力，作为学校要营造有利于人才脱颖而出的氛围，积极培养学生的独立创业精神，为培养现代社会所需要的人才而努力。

二、创业素质

（一）创业者的内在素质

1. 心理素质

创业心理素质是指在创业实践过程中对人的心理和行为起调节作用的个性特征。心理素质是意志品质方面的东西，它是人们在面对不可知的环境和前途时表现出的一种信念和态度，如诚信和坚韧，因为创业的复杂性和不确定性，心理素质在创业过程中占有重要地位。创业者在任何心理状态下，在内心深处都要保持清醒和理智，用平和的心理看待成败得失，良好的创业心理素质有助于一个人充分地发挥其创业能力，从而取得创业的成功。

2. 学习素质

在知识经济时代，专业知识增长迅猛，不学习只能被淘汰。知识经济时代的创业者需要复合型的知识结构，包括两方面内容：一是指知识的广博性，二是指知识的专业性。作为新创企业的管理者，创业者既要懂得一般基础知识又要了解本行业及相应行业的科学技术知识；既要懂市场又要懂法律，又要了解人文和历史。因此，创业者必须树立终身学习的意识，不断学习，以获得创业的成功。只有具备在学习过程中掌握获取新知识、拓展新领域的能力，才能以最快的速度适应新的技术和环境。

3. 反思素质

新知识的增加和新经验的积累虽然都是宝贵的财富，但是单纯的量的积累只是提高的第一步，创业过程本身是一个反思和总结的过程，创业者只有善于反思和总结，进行理论上的升华，才能将知识和经验积累转变成自己真正的水平和能力，最终实现创业的成功。

（二）创业者的外在素质

1. 决策素质

实施创业的第一步就是找准方向、严密论证，进而做出创业策略。在创业环境中，各种要素相互联系、错综复杂，任何方案都不是完备和确定的，这就需要创业者具有全局性的战略眼光和决断素质。在今天这样一个新生事物层出不穷的时代，只有能够正确认识社会发展规律，敏锐分析市场发展变化，准确把握国家的政策法规，分清主次矛盾，评估效益与风险，才能够正确地评判创业机会和制定创业方案，最后做出正确的决策。

2. 管理素质

管理素质是使团队进行有效工作的保障。管理素质广义上既包括战略决断的素质，又包括日常管理的素质；狭义上只包括日常管理的素质，具体而言包括协调能力、亲和力、交际能力、应变能力、判断能力等。

3. 社交素质

现代社会中自主创业需要社会沟通和交流，创业者要搞好内外关系，充分调动各种社会资源。对外，正确处理好与相关部门的关系，如政府部门，其他企业单位等，以减少不必要的创业阻力；对内，及时沟通，团结一致，正确处理好与创业团队内部人员的关系，从而建立一个有利于自己创业的和谐环境。

第三节 创业能力及形成

一、创业能力的概念与构成

（一）创业能力的概念

创业能力是一种能够顺利实现创业目标的知识和技能。创业能力是在创业实践中体现出来的影响创业实践活动效率，促使创业实践活动顺利进行的主体心理条件；创业能力比其他能力更具有综合性和创造性；创业能力表现为复杂而协调的行为动作。创业能力在创业的基本要素中具有重要地位，它的强弱直接影响着创业实践活动的成败。

（二）创业能力的构成

创业能力作为一种特殊的能力，这种特殊能力往往影响创业活动的效率和创业的成功。创业能力的构成包括决策能力、经营管理能力、专业技术能力、综合能力和抗挫折能力。

1. 决策能力

决策能力是创业者根据主客观条件，因地制宜，正确地确定创业的发展方向、目标、战略以及具体选择实施方案的能力。决策是一个人综合能力的表现，一个创业者首先要成为一个决策者。创业者的决策能力通常包括分析、判断能力和创新能力。大学生要创业，首先要从众多的创业目标以及方向中进行分析比较，选择最适合发挥自己特长与优势的创业方向和途径、方法。在创业的过程中，能从错综复杂的现象中发现事物的本质，找出存在的真正问题，分析原因，从而正确处理问题，这就要求创业者具有良好的分析能力。所谓判断能力，就是能从客观事物的发展变化中找出因果关系，并善于从中把握事物的发展方向。分析是判断的前提，判断是分析的目的，良好的决策能力是良好的"分析能力"和果断的"判断能力"。创业实际就是一个充满创新的事业，所以创业者必须具备创新能力，有创新思维、无思维定式，不墨守成规，能根据客观情况的变化，及时提出新目标、新方案，不断开拓新局面，创出新路子，可以说，不断创新是创业者不断前进的关键环节。

2. 经营管理能力

经营管理能力是指对人员、资金的管理能力。这种能力涉及人员的选择、使用、组合和优化；也涉及资金聚集、核算、分配、使用、流动。经营管理能力是一种较高层次的综合能力，是运筹性能力。经营管理能力的形成要从学会经营、学会管理、学会用人、学会理财几个方面去努力。

（1）学会经营。创业者一旦确定了创业目标，就要组织实施，为了在激烈的市场竞争中取得优势，必须学会经营。

（2）学会管理。要学会质量管理，要始终坚持质量第一的原则。质量不仅是生产物质产品的生命，而且是从事服务业和其他工作的生命，创业者必须严格树立牢固的质量观。既要学会效益管理，又要始终坚持效益最佳原则，效益最佳是创业的终极目标。可以说，无效益的管理是失败的管理，无效益的创业是失败的创业。做到效益最佳要求在创业活动中人、物、资金、场地、时间的使用，都要选择最佳方案运作。做到不闲人员和资金、不空设备和场地、不浪费原料和材料，使创业活动有条不紊地运转。学会管理既要敢于负责，创业者又要对本企业、员工、消费者、顾客以及对整个社会都抱有高度的责任感。

（3）学会用人。市场经济的竞争是人才的竞争，谁拥有人才，谁就拥有市场、拥有顾客。一个学校没有品学兼优的教师，这个学校必然办不好；一个企业没有优秀的管理人才、技术人才，这个企业就不会有好的经济效益和社会效益；一个创业者不吸纳德才兼备、志同道合的人共创事业，创业就难以成功，因此，企业必须学会用人，要善于吸纳比自己强或有某种专长的人共同创业。

（4）学会理财。学会理财首先要学会开源节流。开源就是培植财源，在创业过程中除了抓好主要项目创收，还要注意广辟资金来源。节流就是节省不必要的开支、树立节约每一滴水、每一度电的思想。大凡百万富翁、亿万富翁都是从几百元、几千元起家的，都经历了聚少成多、勤俭节约的历程。其次，要学会管理资金。一是要把握好资金的预决算，做到心中有数；二是要把握好资金的进出和周转，每笔资金的来源和支出都要记账，做到有账可查；三是把握好资金投入的论证，每投入一笔资金都要进行可行性论证，有利可图才投入，大利大投入、小利小投入，保证使用好每一笔资金。总之，创业者心中时刻装有一把算盘，每做一件事、每用一笔钱，都要掂量一下是否有利于事业的发展，有没有效益，会不会使资金增值，只有这样，才能理好财。

（5）要讲诚信。就创业者个人而言，诚信乃立身之本，"言而无信，不知其可也。"创业者在创业过程中，如果不讲信誉，就无法开创出自己的事业；如果失去信誉，就会寸步难行。诚信，一是要言出即从；二是要以诚信感人。

3. 专业技术能力

专业技术能力是创业者掌握和运用专业知识进行专业生产的能力。专业技术能力的形成具有很强的实践性。许多专业知识和专业技巧要在实践中摸索，逐步提高发展、完善。创业者要重视创业过程中积累的专业技术方面的经验和职业技能的训练，对书本上介绍过的知识和经验在加深理解的基础上予以提高、拓宽；对书本上没有介绍过的知识和经验要探索，在探索的过程中要详细记录、认真分析，进行总结、归纳，上升为理论，形成自己的经验特色，积累起来。只有这样，创业者的专业技术能力才会不断提高。

4. 综合能力

（1）交往协调能力 交往协调能力是指能够妥善地处理与公众（政府部门、新闻媒体、客户等）之间的关系，以及能够协调下属各个部门成员之间关系的能力。创业者应该做到妥当地处理与外界的关系，尤其要争取政府部门、工商以及税务部门的支持与理解，同时要善于团结一切可以团结的人，团结一切可以团结的力量，求同存异共同协调的发展，做到不失原则、灵活有度，善于巧妙地将原则性和灵活性结合起来。总之，创业者只有搞好内外团结，处理好人际关系，才能建立一个有利于自己创业的和谐环境，为成功创业打好基础。协调交往能力在书本上是学不到的，它实际上是一种社会实践能力，需要在实践活动中学习，不断积累总结经验。这种能力的形成：一是要敢于与不熟悉的人和事打交道，敢于冒险和接受挑战，敢于承担责任和压力，对自己的决定和想法要充满信心、充满希望。二是养成观察与思考的习惯。社会上存在着许多复杂的人和事，在复杂的人和事面前要多观察多思考，观察的过程实质上是调查的过程，是获取信息的过程，是掌握第一手材料的过程，观察得越仔细，掌握的信息就越准确。观察是为思考做准备，观察之后必须进行思考，做到三思而后行。三是处理好各种关系。可以说，社会活动是靠各种关系来维持的，处理好关系要善于应酬。应酬是职业上的"道具"，是处事待人接物的表现。心理学家称，应酬的最高境界是在毫无强迫的气氛里，把诚意传达给别人，使别人受到感应，并产生共识，自愿接受自己的观点。搞好应酬要做到宽以待人、严于律己，尽量做到既了解对方的立场又让对方了解自己的立场。协调交往能力并不是天生的，也不会在学校里就形成了，而是走向社会后慢慢积累社会经验，逐步学习社会知识而形成的。

（2）创新能力 创新是知识经济的主旋律，是企业化解外界风险和取得竞争优势的有效途径，创新能力是创业能力素质的重要组成部分。它包括两方面的含义，一是大脑活动的能力，即创造性思维、创造性想象、独立性思维和捕捉灵感的能力；二是创新实践的能力，即人在创新活动中完成创新任务的具体工作的能力。创新能力是一种综合能力，与人们的知识、技能、经验、心态等有着密切的关系。具有广博的知识、扎实的专业基础知识、熟练的专业技能、丰富的实践经验、良好的心态的人容易形成创新能力，它取决于创新意识、智力、创造性思维和创造性想象等。

（3）语言表达能力语言表达能力既是一个人的一项重要能力，也是一种基本功。语言能力反映人的思维能力、社交能力以及性格、风度。一个人在工作中主持会议、制定政策、文件，上传下达工作指令，接待来访，参加社交活动，发表演讲和个别交谈等都需要语言表达能力。

一个人的语言能力主要表现在语言的分量、语言的逻辑性和语言的幽默感三个方面。语言的分量是由词意和态度两因素构成。词意是指语言的本意，态度是指表达时的轻重缓急和所持的表情、情绪。语言的词意要求语言能准确地表达思想，不要词不达意。一个人需要注意语言分量，贬义的语言分量过重，容易令人伤心，背上思想包袱；如果过轻，则达不到启发人、教育人的目的。反过来，褒义的语言过重，容易使人骄傲自满；过轻则对人起不到鼓舞作用，也许会令人失望。一个人语言的逻辑性，就是要使语言严谨、有条有理、无懈可击、令人信服，要做到前后呼应，因果联系紧密，这样才能紧扣听众的心弦；否则，就会显得冗长，言之无物。语言的幽默感，能使一个人更好地团结群众，造成轻松、愉快的气氛，促进人与人的思想，感情的交流，使群众更容易接受自己的观点、主张和思想意图。同时，这也有助于改善一个人自己的形象。

语言表达能力分为口头语言表达能力和书面语言表达能力。口头表达能力，也就是口才，就是将自己的意见、建议运用最生动有效的表达方式传递给听者，对听者产生最理想的影响效果的一种能力。一个人的口头表达能力，主要包括在各种会议上的演讲能力；对不同对象的说服能力；面对复杂情况应付各种"对手"的答辩能力。在新闻传播日益先进的现代信息社会，任何一个人都有可能随时遇到记者的采访；都要在必要的会议和必要的场合发表演说；在各种社会活动中，随时有可能主动或被动地答辩一些问题，一个人的口才就表现出其重要性。文字表达能力，就是将自己的实践经验和决策思想，运用文字表达方式，使其系统化、科学化、条理化的一种能力。文字表达能力是一个人必须具备的一种能力素质，古今中外，杰出的领导人才都具有优秀的文字表达能力。作为现代人更需要优秀的书面表达能力，现实生活中有一些领导缺乏书面表达能力，凡事都由秘书代劳，这样使自己的领导潜力得不到更进一步的发挥。而那些具有良好的书面表达能力，善于总结经验，使自己的决策思想条理化、系统化、规范化的人将脱颖而出。

5. 抗挫折能力

创业者在创业过程中，由于主客观原因遇到挫折是不可避免的。不同的人，在同一情境中受到相等强度的挫折时，会有不同的反应，在能否经受得起挫折打击上表现出明显的不同。这不仅因为个人经受挫折时的心理状态不同，对挫折的认知、评价和理解不同，还在于他们对待挫折的态度和应付挫折的行为方法的差异。能够以积极的态度和合适的方法对待挫折、克服障碍的人，其对挫折的承受能力就强，就能更好地获得对挫折的良好适应，锻炼对挫折的适应能力，可以通过一些方法进行锻炼。

（1）有意识地容忍和接受日常生活中的一些挫折情境。要培养不屈不挠，再接再厉，坚韧不拔的精神，锻炼坚强的性格、良好的心理素质和对付压力的能力，在挫折中学习和掌握对付挫折的方式和技巧，增强适应力。当我们把生活中遭到的种种挫折和逆境，作为磨砺自己、增益其所不能的一种激励机制时，就不仅能够面对挫折坦然自若，无所畏惧，而且能够从中学到东西，获得长进。

（2）有意识地创设一定的挫折情境。不断地让自己经受磨难，自找苦吃，自寻烦恼，对自己进行加强意志、魄力和挫折排解力的训练，最终使自己能经受住任何残酷的打击。《一千零一夜》里有一个勇敢的航海家辛伯达，他每次航海归来，都可以放弃冒险事业、过上安逸的生活，但他却执着地去寻求那种与大自然抗争、与海盗搏斗的惊险旅行，而恰恰是这些经历使他抵抗挫折的能力大大增强，使他一次次大难不死，在航海中安抵陆地。特种部队对士兵进行的应付突发事件、复杂情况以及在孤岛、密林、荒漠、高原等特殊条件下的生存和战斗训练，就是为了他们一旦遭遇类似情况，能够从容自若，锐不可当。挫折适应能力的提高，同样可以采取类似的训练方法。

（3）心理上经常做好对付挫折的准备。挫折既然是不可避免的，我们就应该做好随时应付挫折的心理准备。挫折适应力和对挫折的心理准备有很大的关系。有的人喜欢把未来设想得很容易，对困难却不愿多想。当生活顺利时，他感到很舒适，而一旦遭到艰难困苦，他就会感受到很大的挫折和压力，这就是因为他缺少对付挫折的心理准备。而另一些人在憧憬未来时，尽量考虑到各种可能出现的困难，做好和困难搏斗的思想准备。这样，当后来并没有碰到那样的困难时，他会感到出乎意料的轻松；即使真的碰到了那样的困难，他也会因为早就有了心理准备，而并不感到有很大的压力和挫折感。

二、创业能力的形成

在创业的基本能力中，每一项基本能力均有其独特的地位与功能，任何一个要素都会影响其他要素的形成和发展，影响其他要素的功能和作用的发挥，乃至影响创业的成功。因此，一个未来的创业者，不仅要注意在环境和教育的双重影响下培养自己的创业能力，而且要重视其整体结构的优化，在创业实践中不断提高自我的创业能力。

（一）注重创业品质的养成，培养创业者的创业自觉性

1. 注重创业品质

创业品质是指创业者在创业实践活动中，致力于创业成功而需要具备一定的心理素质和个性方面的特征。具体包括诚实信用、坚定自信、勇气、社交沟通、合作能力、

创新精神、魄力、敏锐眼光等。创业品质是创业者内在的稳定的素质要求，是创业成功的基石和内在驱动力。高校人才培养的质量和成果价值最终都取决于教师。只有具有较高创造性思维修养和创造精神的教师，才能培养出具有质疑精神、思考能力的学生，学生才敢于冒险、敢于探索，才会突破常规，进行创造性的研究性学习。如果没有一定数量的创造性教师队伍，就不可能培养具有创新创业品质的学生。

2. 培养创业自觉性

创业能力的形成，有赖于创业者的自觉性，有赖于创业意识的觉醒和推动。只有当创业能力的培养成为发自内心的自我需要时，人们才会主动地开展培养这方面的能力的活动，才有可能最大限度地发挥潜力，使创业者自觉克服困难，排除各种干扰，对创业始终充满热情。

学校可以聘请社会上成功的创业人士或校友为客座教授，为学生开展专题讲座，传授创业技能知识，使学生获得实际经验。一批优秀的创业教育师资队伍可以对大学生的团队精神与协作意识等创业品质给予强化。创业往往不是一个人单枪匹马所能实现或完成的，它需要组建起自己的团队。一个精诚团结、各方面能起互补作用的团队，才能实现 1+1>2 的效果，才能保证创业的成功。通过教师队伍的指导，引导学生正确认识和分析自我，确定正确的人生目标，树立高度的责任感和荣誉感，培养合作意识，从而为大学生创业能力的形成产生深刻的推动作用。

（二）重视专业技能经验的积累，加强专业技能的训练

专业技能是从事某一行业所必需的技能，是相对基础能力而言的。专业技能是形成创业能力的重要基础，创业能力是在获得知识、技能和熟练的过程中发展起来的。重视专业技能经验的积累，首先要求创业者深入研究专业理论知识体系，其次要求创业者注重专业技能的应用性，加强专业技能训练，尝试去参加各种创业技能大赛。

在第二课堂活动中，开展一些根据创业教育的具体目标专门设计的教育活动。在课外开展创业计划大赛、创业交流，开设创业教育课讲座等丰富多彩的形式实施创业教育课程，包括"网络教学""实地考察""企业家论坛""创业计划（设计）"等环节，以拓宽大学生学习范围和视野，使课程更具启发性和实践性。定期举办对话交流论坛，请创业成功人士直接与大学生进行面对面的对话，解答其在课堂学习中和实际创业中的疑难问题，帮助大学生分析创业成功与失败的原因，为其提供创业借鉴与指导。

（三）完善基础能力素质，深化创业内涵

实践证明，一种有利于创业的知识结构，不仅需要具备必要的专业知识、经营管理知识，而且必须具备培养基础能力素质的综合性知识，如有关政策、法规等知识，以及更广博的人文社会科学知识，因此，必须在教学思想上有根本的改变，使学生形成合理的知识结构。扩大学生的知识面，使知识横向拓宽，纵向加深，使学生从日趋

合理的知识结构中获得创造能力的培养。

系统创业知识的形成可以通过以下途径。

1. 大学课堂、图书馆与社团

创业者通过课堂学习能拥有一门过硬的专业知识，在创业过程中将受益无穷；图书馆通常能找到创业指导方面的报刊和图书，广泛阅读能增加对创业市场的认识；社团活动能锻炼各种综合能力，这是创业者积累经验必不可少的实践过程。

2. 媒体资讯

一是纸质媒体，人才类、经济类媒体是首要选择。例如，比较突出的《21世纪人才报》《21世纪经济报道》《IT经理人世界》等。二是网络媒体，管理类、人才类、专业创业类网站是必要选择。例如，比较突出的《中国营销传播网》《中华英才网》《中华创业网》等。此外，各地创新服务中心、大学生科技园、留学生创业园、科技信息中心的网站等都可以学到创业知识。

3. 与商界人士广泛交流

学校可以不定期地邀请校内外专家学者为学生开设更多的人文科学、自然科学讲座，邀请社会各界知名人士、校外专家学者来校举办讲座和报告，开阔学生的视野，完善学生的知识结构。

（四）积极参与创业实践

创业能力是一种特殊的能力，其形成和发展是与创业实践活动紧密相连的，是一种能够顺利实现创业目标的特殊性、综合性和创造性的能力。创业能力具有很强的社会实践性，它既不可能通过单纯的思维活动或智力活动的训练来形成，也不可能通过单纯的专业活动或职业活动的训练来发展。创业能力形成的基础——人文知识和专业技能，不仅是指书本知识、间接经验和熟练的专门技能，而且的是指有关的社会知识、经验以及与社会发生关系、处理社会问题的技能技巧。可以说，创业能力鲜明的社会实践性的特点决定了创业能力只能在社会实践和创业实践中形成和发展。

创业教育的落脚点在社会实践。学校要建立多种形式的校内外创业基地，以此为载体组织学生参加创业实践。一方面通过实习环节开展创业实践。专业实习既是专业理论应用和职业技能的训练过程，也是创业阶段的实际操作过程，把校内外实习基地办成创业教育示范基地，让学生在这样的场所边学习、边实践、边创业。另一方面，创业基地与社会建立广泛的外部联系网络，包括各种科技园、风险投资机构、创业培训机构、创业资质评定机构、创业者校友联合会、创业者协会等，形成了一个高校、社区、企业良性互动式发展的创业教育生态系统，有效地开发和整合社会各类创业资源。

大学生创业能力的要求及培养途径

1. 了解大学生创业能力的种类

决策能力、经营管理能力、专业技术能力、综合能力和抗挫折能力等。

2. 大学生创业能力的培养途径

培养途径见表4-1。

表 4-1

能力种类	能力要求	培养途径
决策能力	要求创业者根据主客观条件，因地制宜，正确制订创业的发展方向、目标、战略及选择具体实施计划	①参加创业社会调查 ②撰写创业规划书
经营管理能力	①要求创业者做好人员管理，具体包括人员的选择、使用、组合和优化 ②要求创业者做好资金管理，具体包括资金的聚集、核算、分配、使用、流动	开展"企业家论坛"探讨对人力和资金的管理
专业技术能力	要求创业者掌握和运用专业知识进行专业生产的能力	参加科研和各种专业竞赛活动
交往协调能力	①要求创业者妥善处理与外界的关系 ②要求创业者协调好下属成员之间的关系	开办"模拟公司"，锻炼协调能力
创新能力	要求创业者具有创造性思维的能力和创新实践的能力	开发创新的潜能，掌握创新技巧
语言表达能力	要求创业者具有良好的口头表达能力和书面表达能力	坚持每日练习演讲，每月坚持写作
抗挫折能力	要求创业者以积极的态度和合适的方法对待挫折	回忆某次挫折经历，制定措施，尝试积极地去排解
其他能力	例如，融会贯通	开展"创业计划大赛"

第五章　创办企业的流程与风险投资

第一节　选择合适的企业形式

开始企业从事经营活动，必须先到工商行政管理部门办理登记手续，领取营业执照，如果从事特定行业的经营活动，就需要事先取得相关主管部门的批准文件。当前社会上的企业组织形式多种多样，有国有企业、三资企业、股份有限公司、合伙企业等，其实这样的提法不太规范。我国企业立法已经不再延续按企业所有制立法的旧模式，而是按企业组织形式分别立法，根据《民法通则》《公司法》《合伙企业法》《个人独资企业法》等法律的规定，企业的组织形式可以是股份有限公司、有限责任公司、合伙企业、个人独资企业等，那么哪种企业形式适合刚离开校园的初次创业者呢？下面将各种形式的企业的特点进行介绍，加以分析，从中比较，选择出适合自己的创业形式。

一、合伙企业

（一）合伙的概念

合伙是指两个以上的民事主体共同出资、共同经营、共负盈亏的企业组织形态。其特点是强调共同性，即共同出资、共同经营、共负盈亏、共担风险。所以，合伙人之间的关系较为密切，它是以合伙人之间的互相信任为企业存在的基础，合伙企业又称为人合组织。调整合伙企业的法律规范主要有《民法总则》中的有关个人合伙及法人联营的规定，以及专门的《合伙企业法》。

（二）合伙的特征

（1）合伙协议是合伙得以成立的法律基础

合伙协议是调整合伙关系、规范合伙人之间的权利与义务、处理合伙纠纷的基本法律依据，也是合伙得以成立的法律基础。需要注意的是，合伙协议不同于公司章程，公司章程是公司组织和行为的基本准则，是公司的"宪法"，具有公开的对外效力。而合伙协议则是处理合伙人之间权利义务关系的内部法律文件，仅具有对内的效力，即只约束合伙人，合伙人之外的人欲入伙，必须经全体合伙人同意，并在合伙协议上签字。正是由于这个特点，合伙协议的订立形式较为灵活，既可以是书面协议，也可以是口头协议，如果合伙人之间没订立合伙协议，但事实上存在合伙人之间的权利义务关系，进行了事实上的合伙营业，也可视为合伙。这里想提醒创业者的是，书面协议更能明确彼此的权利义务，避免出现纠纷，因此，如果订立合伙协议，书面形式是首选。

（2）合伙须由全体合伙人共同出资、共同经营

与公司不同的是，合伙企业出资的形式灵活多样，公司股东一般只能以现金、实物、土地使用权和知识产权等四种方式出资，而合伙人除了上述四种出资方式，还可以用劳务、技术、管理经验、商誉等出资，只要其他合伙人同意即可。共同经营是合伙的另一大特征，合伙人必须共同经营，以合伙为职业或谋生之本，若相互之间无共同经营的目的和行为，即使存在的某种利害关系，也非合伙。比如，一方借钱于另一方，约定除还本金外，还要支付一定的利息，但既不参与经营，也不承担风险，这种关系就不是合伙关系。

（3）合伙是共负盈亏、共担风险、对外承担无限连带责任

企业组织形式这是合伙与公司的最大区别所在，公司股东只以其出资额为限，对公司债务承担有限责任。合伙人之间在利益分配时，既可按出资比例分享合伙赢利，也可按合伙人约定的其他办法来分成，在风险承担上，当合伙财产不足以清偿合伙债务时，合伙人还须以其个人财产来承担合伙债务，即承担的是无限责任，而且任何一个合伙人都有义务清偿全部合伙债务，不论其实际出资比例多少，分享利益多少，这就是连带责任。从这个特点可以看出，对于合伙，人与人之间的信任是多么的重要。

合伙作为一种古老的商业组织形式，经历了几千年的发展，目前仍有强大的生命力，在现代市场经济条件下，合伙因聚散灵活的经营形式和较强的应变能力，以及以个人财产承担风险的巨大信誉，赢得了市场的青睐，成为现代联合经营不可缺少的形式之一。

二、有限责任公司

（一）有限责任公司概念

有限责任公司是指依照我国《公司法》，在我国境内设立的，股东以其出资额为限对公司承担责任，公司以其全部资产对公司债务承担责任的企业法人。

（二）有限责任公司特征

（1）股东人数有最高数额限制

我国公司法第二十四条规定，有限责任公司由50个以下的股东设立。有限责任公司具有人合的特点，股东之间的相互了解和相互信任非常重要，如果股东人数众多，

彼此不了解，公司就不能很好地经营下去。因此，从世界各国公司法来看，限制股东人数的最高数额是通例。

那么，股东人数有没有下限呢？世界各国规定不一，但取消下限是趋势。我国修改后的公司法改变了原公司法规定的有限责任公司股东必须有两人以上的规定，允许设立一人有限责任公司。

（2）股东以出资额为限对公司承担有限责任

这是有限责任公司区别于无限责任公司、合伙、个人独资企业的本质特征。也就是说，作为有限责任公司的股东，当公司资不抵债而面临破产时，他最大的损失是不能收回投资，而不必从个人财产中拿钱还公司债。需要注意的是，有限责任是仅对公司股东而言的，不是指公司对外承担有限责任，公司是以其全部资产对公司债务承担责任的。

（3）设立手续简单、公司机构精简

有限责任公司的设立手续与股份有限公司相比，较为简单，一般由全体设立人制定公司章程，各自认缴出资额，即可在公司登记机关登记设立。有限责任公司的组织机构也较为精简，不一定都要设置董事会和监事会，例如，我国公司法第五十一、五十二条就规定，股东人数较少和规模较小的有限责任公司可以不设董事会或监事会。而一人有限责任公司和国有独资公司则不需要设立股东会。

（4）有限责任公司具有一定的封闭性或非公开性

由于有限责任公司兼具人合性和资合性特点，一般人数较少、规模较小。较之股份有限公司，其在组织上和经营上具有一定的封闭性，例如，严格限制股东对外转让出资，我国公司法第七十二条规定，有限责任公司股东向股东以外的人转让出资时，必须经全体股东同意；又如，公司的设立程序不必公开，公司的经营状况不必向社会公开。

（三）一人有限责任公司的特别规定

一人有限责任公司又称一人公司或独资公司，是指只有一个自然人股东或者只有一个法人股东的有限责任公司。修订之后的公司法肯定了一人有限责任公司的存在的价值：一人公司符合自由市场经济的原则，体现对投资者自由选择投资方式的尊重；一人公司可使唯一投资者最大限度地利用有限责任制度规避经营风险，实现经济效益的最大化；一人公司可以避免有多数股东情况下的相互计较与算计，避免效率低下的议事程序和烦琐的决策过程，从而提高公司的决策效率；更为重要的是，一人公司充分利用了个人独资企业经营的灵活性和有限责任公司的有限责任，符合广大小投资者特别是新创业人员资金不足，承担风险能力较弱的情况。因而，这一制度刚一出台，即受到了媒体和社会的广泛关注。

一人公司中，通常是一人股东自任董事、经理并实际控制公司，缺乏股东之间的相互制衡及公司组织机构之间的相互制衡，容易混淆公司财产与个人财产，股东可以将公司财产挪作私用，或者给自己巨额报酬等等，从而损害公司债权人利益和其他利害关系人的利益，危害社会公平交易秩序。因此，法律在允许设立一人公司的同时往往规定很多限制性的条件。

（1）注册资本金额及缴付期限的限制。依照公司法规定，有限责任公司的最低注册资本金为3万元人民币，但一人有限责任公司的最低注册资本金为10万元人民币，并且要求在公司成立时一次足额缴清公司章程规定的全部出资，而有限责任公司的股东则可在公司成立后分期缴付出资额，只要在公司成立后两年内缴清即可。

（2）再投资的限制。根据公司法规定，一个自然人只能设立一家一人公司，不能投资设立第二个一人公司（这被有的学者称为"计划生育政策"）；另一方面，由一个自然人投资设立的一人有限责任公司不能作为股东再投资设立一人有限责任公司，即自然人一人公司只能存在一代（这又被学者戏称为"绝孙政策"）。需要注意的是，这里的限制只针对自然人，不适用于法人。

（3）财务会计制度方面的限制。一人有限责任公司应当在每一个会计年度终了时编制财务会计报告，并经会计事务所审计。这一点区别于个人独资企业，我国的个人独资企业法没有对企业的会计制度做出这样的强制性规定。

（4）特殊情况下的法人人格否定制度。公司法第六十四条规定："一人有限责任公司的股东不能证明公司财产独立于股东自己财产的，应当对公司债务承担连带责任。"意思是说，当一人公司的股东不能证明公司财产独立于股东个人财产的，即发生公司财产和股东个人财产的混同，进而发生公司法人人格与股东个人人格的混同，此时适用公司法人人格否认制度，股东必须对公司债务承担连带责任，公司的债权人可以将公司和公司的股东作为共同债务人进行追索。

三、个人独资企业

（一）个人独资企业的概念

个人独资企业，简称独资企业，是指由一个自然人投资，全部资产为投资人所有的营利性经济组织。独资企业是一种很古老的企业，至今仍广泛运用于商业经营中，其典型特征是个人出资、个人经营、个人自负盈亏和自担风险。

（二）个人独资企业的特点

（1）独资企业的全部财产为投资人个人所有投资人是企业财产的唯一所有者，因此，投资人对企业的经营与管理事务享有绝对的控

制与支配权，不受任何其他人的干预。个人独资企业就财产方面的性质而言，属

于私人财产所有权的范畴。

（2）独资企业投资人对企业债务承担无限责任所谓投资人以其个人财产对企业债务承担无限责任，包含三层意思：一是企业的债务全部由投资人承担；二是投资人承担企业债务的范围不限于出资；三是投资人对企业的债权人直接负责。换而言之，无论是企业经营期间还是企业解散后，对经营中所产生的债务如不以企业财产清偿，则投资人必须以其个人所有的其他财产清偿。

（3）个人独资企业不具有法人资格尽管个人独资企业有自己的名称或商号，并以企业名义从事经营活动和参加诉讼，但它不具有独立的法人地位。其一，独资企业本身不是财产所有权主体，不享有独立的财产权；其二，独资企业不承担独立责任，而是由投资人承担无限责任。这一特点与合伙企业相同而区别于公司。独资企业虽然不具有法人资格，但属于独立的法律主体，其性质属于非法人组织，享有相应的权利能力和行为能力，能够以自己的名义进行法律行为。

四、个体工商户

（一）个体工商户的概念

个体工商户，又称个体户，是指依法经核准登记，从事工商业经营活动的自然人或家庭。个体工商户必须亲自经营，他们一般不雇工或只雇佣三至五个帮手，这也是个体工商户与私营企业的主要区别，习惯上，人们把雇工八人以上的企业称为私营企业。

（二）个体工商户的特征

个体工商户是个体工商业经济在法律上的表现，其具有以下特征。

（1）个体工商户是从事工商业经营的自然人或家庭自然人或以个人为单位，或以家庭为单位从事工商业经营，均为个体工商户。根据有关法律政策，可以申请个体工商户经营的主要是城镇待业青年、农村村民和高校毕业生。国家机关干部、企事业单位职工，不能申请从事个体工商业经营。

（2）自然人从事个体工商业经营必须依法核准登记个体工商户的登记机关是县以上工商行政管理机关。个体工商户经核准登记，只有取得营业执照后，才可以开始经营。个体工商户转业、合并、变更登记事项或歇业，也应办理登记手续。

（3）个体工商户应在法律允许的范围内从事工商业经营活动这里所说的工商业经营活动是广义的，除了传统的手工业、加工业、零售业，还包括修理业、交通运输业、餐饮业、服务业等。个体工商户可选择的范围很广，但无论从事何种营业活动，都必须在法律允许的范围内进行。

（4）个体工商户在法律地位上是非法人组织个体工商户可以设立字号，既可以刻制公章，也可以设立银行账户，还依法享有只有组织体才享有的商标权，因此，个体工商户在法律地位上应当是非法人组织。个体工商户在经营范围内享有区别于自然人的民事权利能力和民事行为能力。个体工商户还具有相对独立的财产。

（5）个体工商户以其个人或家庭财产承担财产责任依据《民法通则》的规定，个人进行个体工商经营的，由经营者个人承担财产责任；家庭进行个体工商经营的，以家庭财产承担财产责任；虽以个人名义经营，但以家庭财产进行投资或者其收益主要归家庭成员享用的，以家庭财产承担财产责任。

除了上述企业形式，我国"民法通则""公司法"及其他法律中规定的企业形式还有股份有限公司、农村承包经营户、中外合资企业、中外合作企业等形式。其中股份有限公司因其注册资本金高（最低注册资本金为500万元），企业设立程序复杂，管理成本高而不适用新创业者。中外合资企业与中外合作企业因为需要外资的介入，也不是初次创业者所能实现的。农村承包经营户是指农村集体组织的成员依法承包集体组织的所有的农副业，在法律允许的范围内从事农、副业生产，其主体相对特定，所从事的业务范围有限，对新创业者来说，可选择的范围较小，一般不宜采用这种企业形式。

综上分析，各种企业形式各有优缺点。合伙企业、个人独资企业以及个体工商户没有最低注册资本金的限制，创业者不但可以根据自己的经济实力，确立企业的规模，而且，企业经营方式灵活、管理成本低、业主自主性强；其缺点是如果当企业经营不善，面临破产倒闭的窘境时，经营者有可能要自掏腰包，为企业债务埋单。有限责任公司的最大优点是股东对企业债务只承担有限责任，也就是说，对经营者来说，最大的亏损是不能收回投资，所以经营者可以大胆创业，最坏的可能是在企业倒闭后可以东山再起，正因为如此，有人把公司有限责任制度看作是仅次于蒸汽机的第二大发明。但它也有缺点，如有最低注册资本的限制，虽然法律对最低注册资本做了重大调整，但有限责任公司的最低注册资本金还是不得低于3万元，一人有限责任公司的最低注册资本金为10万元；再者有限责任公司相对个人独资公司而言，管理成本较高。俗话说，适合的才是最好的，作为初次创业者可以根据自己的情况，选择一种适合自己的企业形式，下面是将这三种常见企业形式以表格的方式做比较，以便初次创业者进行选择，见表5-1。

表 5-1

项目	有限责任公司	合伙企业	个人独资企业
法律依据	公司法（自1994年7月1日起施行）	合伙企业法（自1997年8月1日起施行）	个人独资企业法（自2000年1月1日起施行）
法律基础	公司章程	合伙协议	无章程或协议
法律地位	企业法人	非法人营利性组织	非法人经营主体
责任形式	有限责任	无限连带责任	无限责任
投资者	无特别要求，法人、自然人皆可	完全民事行为能力的自然人，法律、行政法规禁止从事营利性活动的人除外	完全民事行为能力的自然人，法律、行政法规禁止从事营利性活动的人除外
注册资本	最低3万元	协议约定	投资者申报
出资	法定：货币、实物、工业产权、非专利技术、土地使用权	约定：货币、实物、土地使用权、知识产权或者其他财产权利、劳务	投资者申报
出资评估	必须委托评估机构	可协商确定或评估	投资者决定
成立日期	营业执照签发日期	营业执照签发日期	营业执照签发日期
章程或协议生效条件	公司成立	合伙人签章	（无）
财产权性质	法人财产权	合伙人共同共有	投资者个人所有
财产管理使用	公司机关	全体合伙人	投资者
出资转让	股东过半数同意	一致同意	可继承
经营主体	股东不一定参加经营	合伙人共同经营	投资者及其委托人
事务决定权	股东会	全体合伙人或从约定	投资者个人
事务执行	公司机关、一般股东无权代表	合伙人权利同等	投资者或其委托人
利亏分担	投资比例	约定，未约定则均分	投资者个人
解散程序	注销并公告	注销	注销

第二节 企业设立的条件与程序

一、有限责任公司的设立条件

（一）股东符合法定人数和资格

我国公司法第二十四条规定："有限责任公司由50个以下股东出资设立。"这表明，在我国设立有限责任公司，股东最多不能超过50个，最少可是1个。除国有独资公司外，有限责任公司的股东可以是自然人也可以是法人。

（二）公司注册资本符合法定条件

修改后的公司法取消了根据不同行业采取不同最低注册资本的做法，统一规定为最低 3 万元人民币，特定行业的有限责任公司注册资本最低限额需高于上述最低限额的，由法律、行政法规另行规定。

有限责任公司的出资方式可以是多样的，股东可以用货币、实物、知识产权和土地使用权出资。全体股东的货币出资额不得低于注册资本的 30%，这也意味着，股东可以用不到 1 万元的货币注册成立一个有限责任公司。股东以货币出资的，应当将货币足额存入有限责任公司在银行开设的账户；股东以非货币财产出资的，必须经法定的验资机构验资并出具证明，缴资时还应当依法办理财产权的转移手续。

（三）制定公司章程

公司章程是指公司所必备的，规定其名称、宗旨、资本、组织机构等对内、外事务的基本法律文件，是规范公司的组织和活动的基本规则，在公司存续期间具有重要意义，又被称为公司"小宪法"。特别提醒的是，公司章程必须采用书面形式、经全体股东同意并在章程上签名盖章后才能生效。

有限责任公司的公司章程中包括下列内容：①公司的名称和住所；②公司经营范围；③公司的注册资本；④公司股东的姓名或名称；⑤股东的出资方式、出资额和出资时间；⑥公司的机构及其产生办法、职权、议事规则；⑦公司的法定代表人；⑧股东会会议认为需要规定的其他事项。

设立有限责任公司除需要具备上述条件外，还应当具备下列条件。

（1）有公司名称；

（2）有公司的组织机构；

（3）有必要的生产经营条件。

二、有限责任公司的设立程序

按照《中华人民共和国公司登记管理条例》规定，公司开业登记要按照以下程序进行。

（一）名称预先核准

设立有限责任公司应当由全体股东指定的代表或者共同委托的代理人向公司登记机关（指公司所在地的县级以上工商行政管理机关，下同）申请名称预先核准，公司登记机关应当自收到申请（申请文件必须齐全）之日起十日内做出核准或者驳回的决定，决定核准的应发给《企业名称预先核准通知书》。

1. 起名称的要求

选择合适的公司名称是关系到建立企业声誉、树立企业形象的一件大事，但如果不注意法律的规定，往往会造成被驳回的结果。给企业起名应注意哪些事项呢？通常情况下，企业名称由"行政区划＋字号（商号）＋行业（经营特点）＋组织形式"组成，如"北京同仁堂制药有限责任公司"，按照《企业名称登记管理规定》和相关法规的要求，企业名称中不得含有下列性质的字词。

（1）有损于国家、社会公共利益的；

（2）可能对公众造成欺骗或者误解的；

（3）外国国家（地区）名称、国际组织名称；

（4）政党名称、党政军机关名称、群众组织名称、社会团体名称及部队番号；

（5）汉语拼音字母（外文名称中使用的除外）、数字；

（6）其他法律、行政法规规定禁止的。比如某公司名称使用了公众所熟悉的"美利坚"这一外国国家名，没有表明公司所在的行政区域，并且缺少"有限公司"字样，当然会被工商局驳回了。企业只准使用一个名称，在登记主管机关辖区内不得与已登记注册的同行业企业名称相同或者近似所谓企业名称相同，意指两个以上企业名称完全一致；所谓企业名称近似，是指两个以上同行业企业，其名称中的字号在字音、字形及字（词）义方面非常接近，或字号相同，但组织形式略有差别，容易使公众造成混淆或误解的，如"××省楚天汽车贸易公司"与"××省筑天汽车贸易公司"以及"××省楚天汽车贸易中心"。

2. 办理公司名称预先核准手续

知道了起名称的讲究后，还得备齐企业名称预先登记核准所要求的文件和证件，并由全体股东指定的代表或共同委托的代理人向公司登记机关提出申请，具体要求的文书包括以下四项。

（1）有限责任公司由全体股东签署的企业名称预先核准申请书；

（2）全体股东的法人身份证明或者自然人的身份证明文件；

（3）全体股东指定代表（或共同委托代理人）的指定（委托）书；

（4）公司登记机关要求提交的其他文件。另外，法律、行政法规规定设立公司必须报经审批或者公司经营范围中有法律、行政法规规定必须报经审批的项目的，应当在报送审批前办理公司名称预先核准，并以公司登记机关核准的公司名称报送审批。

最后需要提醒的一点是：预先核准的公司名称保留期为六个月，在保留期内不得用于从事经营活动，不得转让。

（二）全体股东共同制定公司章程

公司章程相当于公司内部的法律，规定公司的名称、住所、经营范围、注册资本，股东名称、权利、义务、出资方式和出资额，转让出资的条件，公司的机构及其产生办法、职权、议事规则等。公司章程必须全体股东共同制定并且全部一致通过方可。

（三）股东足额缴纳认缴股份并验资

股东缴纳出资必须将货币足额存入准备设立的有限责任公司在银行开设的临时账户；以实物、工业产权、非专利技术或者土地使用权出资的，应当由专门的会计师事务所等验资机构验资，并依法办理财产权移转手续。

（四）公司注册申请和核准

接到《企业名称预先核准通知书》后，就可以着手准备文件申请公司注册了。特别要注意的是，法律、行政法规规定设立有限责任公司必须报经审批的，应当自批准之日起九十日内向公司登记机关申请设立登记；逾期申请设立登记的，申请人应当报审批机关确认原批准文件的效力或者另行报批。

根据《公司登记管理条例》的规定，设立有限在责任公司应向公司登记机关提交下列文件、证件：

（1）企业名称预先登记核准通知书；
（2）股东指定代表或共同委托代理人的证明；
（3）股东的法人资格证明或自然人的身份证明（原件或复印件）；
（4）公司董事长签署的设立登记申请书；
（5）公司法定代表人任职文件和身份证明；
（6）公司住所证明；
（7）公司董事、经理、监事的姓名、住所以及有关委派、选举或者聘用的证明；
（8）公司章程；
（9）具有法定资格的验资机构出具的验资报告；
（10）法律、行政法规规定设立有限责任公司必须报经审批的，还应提交相关的批准文件。

（五）领取营业执照

常见的营业执照有企业法人营业执照、营业执照两种。前者是取得企业法人资格的合法凭证，有限公司即属此类；后者是合法经营权的凭证，不具备法人资格的个人独资企业和合伙企业核发该种执照。

企业法人营业执照的登记事项包括企业名称、住所、法定代表人、注册资金、经济成分、经营范围、经营方式等。营业执照的登记事项包括名称、地址、负责人、资金数额、经济成分、经营范围、经营方式、从业人数、经营期限等。

营业执照分正本和副本，两者具有相同的法律效力。正本应当置于公司住所或营业场所的醒目位置，营业执照不得伪造、涂改、出租、出借、转让。

（六）开业前的准备工作

领取营业执照后，并不能马上开业，还必须办理以下事项。

（1）刻制印章；
（2）法人代表登记；
（3）开立银行账户；
（4）申请纳税登记；
（5）到工商行政管理机关办理备案手续；
（6）购买发票。

三、合伙企业的设立条件

根据"合伙企业法"第八、九、十条的规定，设立企业应具备下列条件。

（一）有符合要求的合伙人

1. 关于合伙人的人数

合伙人数应不少于两人。若出资人仅为一人，则该企业是独资企业而非合伙。合伙企业法未规定合伙人数的上限，也就是说，合伙企业没有人数上限的限制。但由合伙的人合性质，合伙人之间的相互信任非常重要，所以实践中合伙人人数一般不会太多。

2. 关于合伙人的行为能力

合伙人必须具备相应的行为能力即为完全民事行为能力人且能承担无限责任。限制行为能力人和无民事行为能力人不得作为合伙人，所以只有年满18周岁的成年人或已满16周岁以自己的劳动收入作为主要生活来源的人，才能作为合伙人。需要注意的是，企业成立后因继承关系而加入进来的合伙人则可能是限制行为能力人或无民事行为能力人。

3. 关于合伙人的职业禁止

法律、行政法规禁止从事营利性活动的人，不得成为合伙企业的合伙人，具体包括国家公务员、法官、检察官及警察。

（二）有合伙协议

合伙协议是指两个以上的公民为设立合伙企业而签订的合同。合伙协议必须采用书面形式并载明以下内容：①合伙企业的名称和主要经营场所的地点；②合伙目的和合伙企业的经营范围；③合伙人的姓名及住所；④合伙人出资的方式、数额和缴付出资的期限；⑤利润分配和亏损分担办法（注意：这里的利润和亏损分担办法，对合伙内部有效，对外无效，对外，各合伙人对合伙债务承担无限连带责任。）⑥合伙企业事务的执行；⑦入伙与退伙；⑧合伙企业的解散与清算；⑨违约责任。合伙协议经全体合伙人签名、盖章后生效。

（三）有合伙人实际缴付的出资

合伙人必须向合伙组织出资，合伙人出资的形式可以是货币、实物、土地使用权、知识产权或其他财产权利。与有限责任公司股东出资方式不同的是，经全体合伙人同意，合伙人也可以劳务、技术等出资。以劳务、技术出资的，要由合伙人协商确定其出资的价值，以货币以外的其他财产出资的，一般应进行评估作价，评估作价可由合伙人协商确定，也可由全体合伙人委托法定评估机构进行评估。

与公司不同，合伙企业法没有规定合伙企业的最低注册资本，所以合伙企业不存在法定最低注册资本的问题。

（四）有合伙企业的名称

合伙企业可以有自己的名称，虽然合伙企业不具有法人资格，但合伙企业仍享有名称权，可以以自己的名义参与民事法律关系，享有民事权利，承担民事义务并参与诉讼。合伙企业的名称应符合企业名称管理规定的要求。需要注意的是，合伙企业的名称中不能有"有限责任"的字样，因为合伙企业的合伙人对外承担的无限连带责任。那么，合伙企业名称中是否能使用"公司"字样，我国的公司法和合伙企业法中都没有相关的禁止性规定，在民商事法律中，法不禁止则为允许，所以，合伙企业名称中可以使用"公司"字样。

（五）有经营场所和从事合伙经营的必要条件

经营场所是指合伙企业从事生产经营活动的所在地，经营场所是确定债务履行地、诉讼管辖地的主要法律依据，一般以在企业登记机关登记的主营业地作为经营场所。从事经营活动的必要条件是指根据企业的业务性质、规模等因素而具备的人员、设施、设备等条件。

四、合伙企业的设立程序

设立合伙企业，应当由全体合伙人指定的代表或者共同委托的代理人向企业登记机关即工商行政管理部门进行设立登记。申请设立合伙企业，应当向企业登记机关提交下列文件。

（1）全体合伙人签署的设立登记申请书；
（2）全体合伙人的身份证明；
（3）全体合伙人指定的代表或者共同委托的代理人的委托书；
（4）合伙协议；
（5）出资权属证明；

（6）经营场所证明；

（7）其他证明材料，如依法应提交的有关行政审批文件。企业登记机关应自收到申请人提交所需的全部文件之日起 30 日内，做出核准登记或不予登记的决定。合伙企业的营业执照签发之日期为合伙企业成立之日。

五、个人独资企业的设立条件

根据《个人独资企业法》第八条的规定，设立独资企业须具备以下条件。

（1）投资人为一个自然人个人独资企业的投资人不但必须是一人，而且只能是自然人。此处所称的自然人只能是具有中华人民共和国国籍的自然人，不包括外国国籍的自然人，所以外商独资企业不适用独资企业法，而适用外资企业法。

（2）有合法的企业名称如前所述，独资企业享有名称权和商号权。企业的名称应遵守企业名称登记管理规定，所用名称应当与其责任形式及所从事的营业相符合，并且不得与登记机关辖区内已登记注册的同行业企业名称相同或者近似。独资企业的名称中不得使用"有限""有限责任"等字样。

（3）有投资人申报的出资同合伙企业一样，独资企业的投资人对外承担的是无限责任，而不是仅以出资额为限承担有限责任，所以，独资企业法不要求个人独资企业有最低注册资本金，仅要求投资人有自己申报的出资即可。这一规定便于独资企业的设立，有利于独资企业的发展。

（4）有固定的生产经营场所和必要的生产经营条件。

（5）有必要的从业人员。

六、个人独资企业的设立程序

个人独资企业的设立采取直接登记制，即设立独资企业无须经过任何部门的审批，而由投资人根据设立准则直接到工商行政管理部门申请登记。

（一）个人独资企业设立申请

个人独资企业的申请人是个人独资企业的投资人。投资人也可以委托其代理人向个人独资企业所在地的工商行政机关申请设立登记。投资人申请设立登记独资企业，应向登记机关提交下列文件。

（1）设立申请书。设立申请书应包括下列事项：①企业的名称和住所；②投资人的姓名和住所；③投资人的出资额和出资方式；④经营范围。

（2）投资人的身份证明。

（3）生产经营场所使用证明等文件。由委托代理人申请设立登记的，应当出具投资人的委托书和代理人的合法证明。

（二）登记机关核准登记与企业成立

登记机关应当在收到设立申请文件之日起 15 日内，对符合个人独资企业法规定条件者，予以登记，发给营业执照；对不符合规定条件者，不予登记，并给予书面答复，说明理由。个人独资企业营业执照的签发日期为独资企业成立日期。

七、个体工商户的设立条件与程序

1. 设立条件

个体工商户的设立条件比较简单，有经营能力的高校毕业生、城镇待业人员、农村村民以及国家政策允许的其他人员，可以申请从事个体工商业经营；个体工商户可以在国家法律和政策允许的范围内，经营工业、手工业、服务业、修理业及其他行业。

2. 设立程序

同个人独资企业一样，个体工商户的设立也采取直接登记制，即设立独资企业个体工商户无须经过任何部门的审批，而由设立人根据设立准则直接到工商行政管理部门申请登记。申请从事个体工商业经营的个人或者家庭，应当持所在地户籍证明及其他有关证明，向所在地工商行政管理机关申请登记，经县级工商行政管理机关核准领取营业执照后，方可营业。设立登记应提交的文件。

（1）申请人签署的《个体工商户设立登记申请书》。

（2）申请人身份证明复印件（或户籍证明）。

（3）经营场所使用证明；自有房产提交产权证复印件；租赁房屋提交租赁协议复印件以及出租方的房产证复印件；未取得房产证的，提交房地产管理部门的证明或者购房合同及房屋销售许可证复印件；出租方为宾馆、饭店的，提交宾馆、饭店的营业执照复印件；使用自有房屋作为经营场地开办个体工商户和私营企业，但因历史原因无法提供合法房地产证明的，提交村（居）民委员会等机构出具的能够证明申请人拥有该房屋使用权的证明文件。

（4）《字号名称预先核准通知书》，已预先核准了字号名称的应提交正式字号名称。

（5）申请登记的经营范围中有法律、行政法规和国务院决定规定必须在登记前报经批准的项目，提交有关的批准文件或者许可证书复印件或许可证明。

（6）委托代理人申请设立登记的，提交申请人签署的《委托书》及代理人的身份证复印件（本人签字）或者资格证明复印件（本人签字）。

（7）法律、行政法规规定提交的其他文件。

第三节 风险投资简介

企业成立后，创业者普遍面临的一个难题是资金问题，那么，企业融资的方式有哪些呢？为了促进中小企业的发展，改善中小企业的融资环境，2003年1月1日，我国出台了《中小企业促进法》，从而极大地改善了中小企业的融资问题。目前，常见的融资方式有银行贷款（这里又分为个人抵押贷款、信用贷款、个人委托贷款等方式）、票据贴现融资、金融租赁等，这里重点介绍风险投资这一高风险高收益的融资方式。目前，发达国家的风险投资已相当发达，均已建立了相关的政策、法律和市场运行机制，为中小企业的发展特别是高科技行业的发展提供了强有力的资金支持。实践中，我国的高新技术企业也纷纷走上了引入风险投资的道路，其为我国科学技术成果的产品化、商品化，推动高科技产业的发展做出了重要的贡献。

一、风险投资的概念和历史发展

风险投资（venturecapital）英文简称是VC，在我国是一个约定俗成的具有特定内涵的概念，其实把它翻译成创业投资更为妥当。广义的风险投资泛指一切具有高风险、高潜在收益的投资；狭义的风险投资是指以高新技术为基础，生产与经营技术密集型产品的投资。根据美国全美风险投资协会的定义，风险投资是由职业金融家投入新兴的、迅速发展的、具有巨大竞争潜力的企业中的一种权益资本。从投资行为的角度来讲，风险投资是把资本投向蕴藏着失败风险的高新技术及其产品的研究开发领域，旨在促使高新技术成果尽快商品化、产业化，以取得高资本收益的一种投资过程。从运作方式来看，是指由专业化人才管理下的投资中介向特别具有潜能的高新技术企业投入风险资本的过程，也是协调风险投资家、技术专家、投资者的关系，是利益共享，风险共担的一种投资方式。

第二次世界大战后，风险投资事业首先在美国蓬勃发展。美国商学院教授与一群新英格兰的企业家在1946年筹组的"美国研究开发公司（ARD）"，可以视为风险投资的始祖，作为一家上市的封闭型投资公司，其成立的使命就是为新兴的企业提供权益性的启动资金，推动新兴企业的发展。1957年，ARD对数据设备公司（DEC）的投资大获成功，经过14年的发展，ARD对DEC的投资由最初的7万美元，增长到3.55亿美元，增长了5000多倍，平均年增长速度达到84%。从此风险投资在美国及世界各地获得了极大的发展。20世纪60年代以后，大量资金逐渐流向高新技术的风险投资领域。70年代初，建立了风险企业股票交易系统（NASDAQ），极大地刺激了风险投资事业的发展。到 1997 年，风险投资一共向 1848 家公司投入 114 亿美元的风险资本，其巨大的催化作用令人鼓舞。在美国，初期的风险投资业是由政府鼓励和扶持的，1958 年美国国会通过了小企业投资法案，并在此基础上建立了小企业投资公司，小企业投资公司受小企业管理局的管辖，可以向美国政府的"小企业管理署"贷款到相当于自身资产 3 倍的款项，并可以享受税收的优惠和低息贷款的扶持，因此，政府的积极参与和推动大大加快了风险投资的发展。

1969 年，美国宏观经济形势的萧条，使得年资本收益税的提高对与风险投资是个重大打击，风险投资基本上处于停滞的状态。

20 世纪 70 年代末到 80 年代中期，美国迎来了第 2 个风险投资的黄金时期。在这个时期中政府进行了一系列的立法和税收政策方面的改革，主要包括 1978 年减税法案，将资本收益税从 49.5% 降到 28%，导致当年风险投资额比前一年上升 5.56 亿美元；1979 年 ERISA 法令，允许投资者参与风险程度更高的投资；1980 年小企业投资促进法，确认风险投资资金是属于商业发展企业，不再作为投资顾问在证券交易委员会登记及报告披露，加强了其经营的灵活性；1981 年经济恢复税收法案，将个人的资本收益税从 28% 降到 20%，导致当年的风险投资额比前一年提高了 100%。1987 年风险投资规模达到 31.1 亿美元。

在 20 世纪 80 年代中后期，由于整个经济的不景气，风险投资企业新上市数量明显减少，使风险投资资本的筹集非常困难，风险投资新筹资本由 1987 年的 31.1 亿美元下降到 1991 年的 13.7 亿美元。

进入 20 世纪 90 年代以来，风险投资在经历了资本额连续 4 年的大幅度降低之后，随着通信和网络技术的发展和资本市场的复苏，又进入了一个新的快速发展的时期。目前，美国的风险投资机构近 2000 家，每年为大约 10000 项高技术项目提供资金支持。可以说，美国高技术企业和产业发展的高速度，风险投资是最主要的促进因素。如著名的苹果电脑公司、SUN 微系统公司、微软公司、LOTUS 等高技术公司都是借助风险投资起家和迅速发展的。

目前，美国的风险投资已经形成了一个由风险资本家、风险投资家、各种中介机构组成的高效运作的市场，风险企业都具有了较强的市场意识，善于通过资本市场为自己的新产品、新技术寻找资金的支持。同时，这些企业也通过市场中风险资本家的职业眼光检验自己的创新设想，保证创新企业能够比较健康、快速地发展。政府不再参与具体的运作，只是通过制定法律和政策调控资本市场上的发展，规范市场行为。

二、风险投资的特点

1. 风险投资是一种权益资本，而不是借贷资本

风险投资为风险企业投入的权益资本，一般占该企业资本总额的30%以上。对高科技创新企业来说，风险投资是一种昂贵的资金来源，但是它也许是唯一可行的资金来源。银行贷款虽然说相对比较便宜，但是银行贷款回避风险，安全性第一，高科技创新企业无法得到它。

风险投资机制与银行贷款完全不同，其差别在于：第一，银行贷款讲安全性，回避风险；而风险投资却偏好高风险项目，追逐高风险后隐藏的高收益，意在管理风险，驾驭风险。第二，银行贷款以流动性为本，而风险投资却以不流动性为特点，在相对不流动中寻求增长。第三，银行贷款关注企业的现状、企业目前的资金周转和偿还能力；而风险投资放眼未来的收益和高成长性。第四，银行贷款考核的是实物指标，而风险投资考核的是被投资企业的管理队伍是否具有管理水平和创业精神，考核的是高科技的未来市场。第五，银行贷款需要抵押、担保，它一般投向成长和成熟阶段的企业，而风险投资不要抵押，不要担保，它投资到新兴的、有高速成长性的企业和项目。

2. 风险投资是一种长期的（平均投资为5~7年）流动性差的权益资本

一般情况下，风险投资家不会将风险资本一次性全部投入企业，而是随着企业的成长不断地分期分批地注入资金。

3. 风险投资家既是投资者又是经营者

风险投资家与银行家不同，他们不仅是金融家，而且是企业家，他们既是投资者，又是经营者。风险投资家在向风险企业投资后，便加入企业的经营管理。也就是说，风险投资家为风险企业提供得不仅仅是资金，更重要的是专业特长和管理经验。

风险投资家在风险企业持有约30%的股份，他们的利益与风险企业的利益紧密相连。风险投资家不仅参与企业的长期或短期的发展规划、企业生产目标的制定、企业营销方案的建立，还要参与企业的资本运营过程，为企业追加投资或创造资金渠道，甚至参与重要人员的雇用、解聘。

4. 风险投资最终将退出风险企业

风险投资虽然投入的是权益资本，但他们的目的不是获得企业所有权，而是盈利，是得到丰厚利润从风险企业退出。

风险投资从风险企业退出有三种方式：首次公开发行；被其他企业兼并收购或股本回购；破产清算。显然，能使风险企业达到首次公开上市发行是风险投资家的奋斗目标。破产清算则意味着风险投资可能遭受一部分或全部损失。

三、中小企业如何吸引风险投资

中小企业创造条件，吸引创投基金的投资，一般要经过下述六个方面的步骤。

1. 熟悉融资过程

在进入融资程序之前，首先要了解创业投资家对产业的偏好，特别是要了解他们对一个投资项目的详细评审过程。要学会从他们的角度来客观地分析本企业。很多创业家出身于技术人员，很看重自己的技术，对自己一手创立的企业有很深的感情，自己的"孩子"不管长得怎么样都是漂亮的。其实投资者看重的不是技术，而是由技术、市场、管理团队等资源配置起来而产生的盈利模式。投资者要的是回报，不是技术或企业。

2. 发现企业的价值

通过对企业技术资料的收集，详细的市场调查和管理团队的组合，认真分析从产品到市场、从人员到管理、从现金流到财务状况、从无形资产到有形资产等方面的优势、劣势。把优势的部分充分地体现出来，对劣势的部分怎样创造条件加以弥补。要注意增加公司的无形资产，实事求是地把企业的价值挖掘出来。

3. 写好商业计划书

应该说商业计划书是获得创业投资的敲门砖。商业计划书的重要性在于：首先，它使创业投资家快速了解项目的概要，评估项目的投资价值，并作为评估调查与谈判的基础性文件；其次，它作为创业蓝图和行动指南，是企业发展的里程碑。

编制商业计划书的理念是：首先，为客户创造价值，因为没有客户价值就没有销售，也就没有利润；其次，为投资家提供回报；最后，作为指导企业运行的发展策略。站在投资家的立场上，一份好的商业计划书应该包括详细的市场规模和市场份额分析；清晰明了的商业模式介绍；集技术、管理、市场等方面人才的团队构建；良好的现金流预测和实事求是的财务计划。

4. 推销自己的企业

下一步就要与创业投资家接触。创业者可以通过各种途径包括上网、参加会议、直接上门等方式寻找创业资本，但最有效的方式还是要通过有影响的人士推荐。这种推荐使投资者与创业企业家迅速建立信用关系，消除很多不必要的猜疑、顾虑，特别是道德风险方面的担忧。要认真做好第一次见面的准备，以及过后持久的跟踪，并根据投资家的要求不断修改商业计划书的内容。

5. 价值评估

随着接触深入，如果投资者对该项目产生了兴趣，就准备做进一步的考察，为此，他将与创业企业签署一份投资意向书，接下来的工作就是对创业企业的价值评估。通常创业家与投资家对创业企业进行价值评估时着眼点是不一样的。一方面，创业家总是希望能尽可能提高企业的评估价值；另一方面，只有当期望收益能够补偿预期的风险时，投资家才会接受这一定价。所以，创业家要实事求是看待自己的企业，配合投资家做好价值评估，努力消除信息不对称的问题。

6. 交易谈判与协议签订

最后，双方还将就投资金额、投资方式、投资回报如何实现、投资后的管理和权益保证、企业的股权结构和管理结构等问题进行细致而又艰苦的谈判。如果达成一致，就会签订正式的投资协议。在这过程中创业企业既要摆正自己的位置，又要充分考虑投资家的利益，并在具体的实施中给予足够的保证。同时，吸引创业投资，不仅是资金，还有投资后的增值服务。

四、我国风险投资面临的问题

1. 国内风险投资业界的理念必须调整

在过去几年，很多人对风险投资的内涵和理念的理解存在偏差。很多人把风险投资作为一种以资本运作为主的方式来运作，这是不正确的。风险投资与单纯的资本运作是不同的。我们风险投资业的从业人员相当一部分是从证券行业转过来的，由于证券业务的特殊性，他们更加擅长的是短平快的资本运作。其实，风险投资业的运作除了资本运作这一块，更需要的还是风险投资家的管理经验、技术经验、创业经验等。对风险投资者来看，更多的是这些因素给被投资方提供了资金以外的增值服务。另外，一种亟须转变的观点是以风险投资作为圈钱的手段，用运作证券行业的理念来运作风险投资，这样在运作的过程中就显得有点急功近利。

2. 国内风险投资业的政策环境亟待完善

具体来说，这可以分为三个层次：风险投资的退出渠道不通畅，税收优惠政策需推出、可考虑推出政府风险投资配套基金。

一般风险投资的退出渠道主要是海内外 IPO、股权协议转让。我国目前还没有推出创业板，风险投资退出的主要渠道是股权的协议转让。但协议转让这个渠道也不是很畅通，股权的整个交易平台都还不是很完善。税收优惠政策需要推出。风投机构投资获利后，政府相关部门应采取一定的税收优惠政策，在欧美、以色列、印度等国家及地区风险投资业比较成熟的国家地区，当地政府制定的相关税收优惠政策已是通行的方法了。我国在这方面还有待加强。可考虑推出政府风险投资配套基金。我国政府每年都有"科技三项经费"扶持科技企业的发展。其实，政府部门可以考虑从中拿出一部分，独立地组建一个基金或投入民间的风险基金中，由民间的风险基金来操作，赚了钱不收取利润只收回成本，亏本了不回收。国外的经验证明，这种做法对风险投资业的发展能起到较好的推动作用。

3. 利益分配机制亟待完善

就目前的形势来说，完善风险投资业的利益分配机制十分重要。风险投资行业是高智力型的行业。风险投资业需要一批在实务和理论上都有丰富经验的人才，就目前我国风险投资业的现状来看，顶尖人才还相当稀缺，必须要有足够的合理的利益分配才能吸引这些人才。在这点上，我们可以借鉴国外的利益分配机制，结合本土实际情况来运用。

我国风险投资业目前实行的还是公司制，对风险投资家的利益分配采取的做法还是基本工资＋奖金，这种模式已不能满足这些人才的需求。利益分配机制中比较有竞争力的做法是实行合伙制。对合伙人来说，他们更需要基金的模式。基金公司将基金委托给基金专家来运作，营利收入按照基金公司与基金专家二八开的比例来分配。这样基金管理专家的利益能实现最大化。这种模式在国外实行了几十年，已相当成熟，风险投资业可以借鉴。

4. 急需加强行业人才培养，完善人才结构

风险投资机构急需复合型人才，这样的人才能够独当一面。目前，我国风险投资业界的人才从质和量两方面都不能满足风险投资业发展的需求。目前，风险投资业中的人才大多是资本运作的行家，缺乏企业经营管理的能力，缺乏创业经验和耐心。这对风险投资业的长远稳定发展十分不利。我们需要吸引有丰富成功经验的创业家，专家和高新技术人员，使风险投资机构人才的整体搭配比较合理。国内风险投资业界应逐步完善人才结构，加强培育有技术背景和实务经验的人才，吸纳有十至二十年实践经验的人。

5. 职业道德亟待提升

职业道德与社会诚信度不高是制约风险投资业发展的因素之一。职业道德与社会诚信包括了两方面：一方面是项目经理和风险投资家为实现个人利益的最大化，而使风险投资公司遭受损失。另一方面是项目方的诚信问题，项目方提供虚假信息，这样对项目做出与实际不符的评估。如果诚信问题不能较好地解决，游离的民间资金就很难进入这个市场，没有足够资金支持的风险投资业是很难发展起来的，因此，急需提升风险投资业从业人员的职业道德。现在可行的方式有教育、监管制约、按照职业道德规范来约束从业人员的行为。

如果阻碍风险投资业发展的五大瓶颈都得以解决，我国风险投资业的发展就会大大提速。而经过几年的储备，国内风险投资业已经有了一批形象良好的风险投资机构和比较优秀的风险投资专家，为今后风险投资行业的理性发展打下了良好的基础。

6. 选择适合自己的企业形式

步骤如下。

（1）了解各种企业形式的特点和优缺点。这是选择适合自己的企业形式的基础条件和知识储备。

（2）明确自己及合作人的资金状况。资金是注册一个企业必不可少的一个条件，在各种形式的企业中，有限责任公司（包括一人有限责任公司）有最低注册资本金的限制，看看自己的资金是否能满足注册的要求？独资企业、合伙制企业和个体工商户无最低注册资本金的限制，创业者可根据自己的资金状况来确定企业的规模。

（3）分析自己的风险承受能力。任何创业的过程总是和风险相伴的，但不同形式的企业承担的风险又有所不同。一般来说，有限责任公司股东所承担的风险相对较小，其最大的风险是不能收回投资，除此他不需要再以个人财产承担公司债务。而独资企业、合伙制企业和个体工商户，当企业财产不足以偿还债务时，则需要自掏腰包，以个人资产偿还企业债务，因而风险相对较大。但从另一方面来说，独资企业、合伙制企业和个体工商户的创业者正是由于承担的是无限责任，从而拥有良好的信誉，也就相对扩展了自己创业的空间。

（4）所选择的行业和投资人数量。如果创业者所选择的行业是规模较大，产品标准化程度较高，所需资本较大的行业，如机械制造业，那么，有限责任公司或股份有限公司可能是合适的企业形式。而如果创业者打算开一家修理店、洗车店、小型物流公司或其他服务类行业，那么，个体工商户、独资企业或合伙企业因其规模小、经营方式灵活应该是不错的选择。另外，投资人数也会影响企业的形式，如果投资人是一人或一个家庭，那么只能选择个体工商户或独资企业。如果投资人数较多（如10人以上50人以下），则只能注册有限责任公司或股份有限公司，因为合伙是人合企业，投资人之间的了解和信任是必要的。

第六章 职业生涯规划

第一节 职业生涯规划概述

一、职业生涯规划的概念与意义

(一)职业生涯的概念

职业生涯就是个人职业的发展道路,包括就业的形态、工作的经历以及与职业相关的活动等,是一个人从职业学习开始到职业劳动结束的经历过程。通俗地讲,职业生涯是指一个人从上学开始接受职业教育、毕业实习、正式开始第一份工作、转换新工作、到光荣退休(终止职业活动)的人生旅程。任何人的职业生涯都不是一帆风顺的,它受年龄、性别、教育、健康状况、社会背景、家庭负担、自我认知、地理位置等因素的影响。

职业生涯共分为萌发期、探索期、创造期、成熟期和衰退期五个阶段,分别介绍如下:

(1)萌发期(出生~14岁),是一个以幻想、兴趣为中心,对自己所理解的职业进行选择与评价。

(2)探索期(15~24岁),逐步对自身的兴趣、能力以及对职业的社会价值、就业机会考虑,开始进入劳动力市场或开始从事某种职业。探索期阶段的变化有两点:一是成家;一是立业。这是人生最重要的一步,在这个阶段应注意以下几个方面。①选择职业,职业选择的成功与否,这直接关系到个体一生的发展。②确定目标。③树立良好的形象;如果在开始就给人一个不好的形象,以后想要改变就必须付出加倍的努力。④坚持学习,人一生中工作所需的知识中90%是其在工作以后学习的,也就是说在学校学习只占10%。

(3)创造期(25~44岁),对选定的职业进行评价、尝试、变换工作、逐步趋于稳定。这个时期是一个人风华正茂,充分展现才能、事业得到迅速发展的时期。如果到此时还没有确定自己的职业目标、人生志向等,那自己的事业发展就有一定的问题了。在这一阶段要做好以下几个方面的工作。①调整职业，修订目标；②努力展现自己的才能，扩大自己的影响；③处理好家庭与事业的关系。

（4）成熟期（45~60岁），劳动者在工作中已经取得了一定的成绩，有了一定的学术水平或职业技能，社会地位有所提高。事业成功者应克服自满，继续前进；事业未成功者，应振作精神，发奋努力；注意锻炼身体，保持身体健康；继续学习，进行知识更新；注意自己的外表、形象。

（5）衰退期（60岁以后），职业生涯接近尾声并逐渐退出工作领域。

（二）职业生涯规划的概念

职业生涯规划，是指个人把自己的发展与组织发展相结合，对决定其职业生涯的个人因素、组织因素和社会因素等进行分析，制订有关其一生中在事业发展上的战略设想与计划。通俗讲，职业生涯规划就是一个人打算选择什么样的行业、什么样的职业、什么样的组织，想达到什么样的成就，想过一种什么样的生活，如何通过自己的学习与工作达到自己的目标。

职业生涯规划也被称为职业生涯设计，分个人职业规划（设计）和组织职业规划（设计）两个方面。在任何社会、任何体制下，个人职业设计都更加重要，它是个人的职业生涯发展的真正动力和加速器，其实质是追求最佳职业生涯发展道路的过程。

在实践中，职业生涯规划首先要对个人特点进行分析，再对所在组织环境和社会环境进行分析，然后根据分析结果制定其奋斗目标，选择实现这一目标的职业，编制相应的工作、教育和培训的行动计划，并对每一步骤的时间、顺序和方向做出合理安排。

（三）进行职业生涯规划的意义

1. 职业生涯规划的企业意义

职业规划主要包括以下几个方面内容。

（1）企业能最大限度地把人力资源变为人力资本。个人发展是企业发展和社会发展的基础，只有充分发挥人的主观能动性，在企业中建立以人为本的职业生涯开发与管理的目标体系，通过做好员工的职业生涯开发与管理，帮助每个员工实现自我价值，把企业的人力资源最大限度地变成人力资本，企业才能最终实现未来的远景。员工的职业生涯规划与管理正是公司人才战略的核心内容，把制订员工职业生涯规划作为公司的战略管理的重要组成部分理应是企业的重要工作任务。

（2）留住人才、用好人才。我们知道，人才的流失主要有三个方面原因。一是报酬问题，待遇偏低，人才难留，这是人才流失的主要原因之一；二是才能发挥问题，一个人在某一岗位上，如果其才能得不到发挥，专长得不到利用，他就不会安心工作；三是社会角色问题，对一个人才而言，尽管待遇较高，才能也得到了发挥，但如果没有适当的职务,心理也是难以平衡的。因此,人们对能力的大小有一个认同理念,往往认为职称和职务的高低是一个人能力大小、贡献多少的体现。如果不能量其才、任其职,让其担任一定的角色,人才也难以留住。

职业生涯规划可以通过以下三个方面留住人才、用好人才。第一,员工在制订职业生涯规划的过程中,通过分析认识自己、了解自己、估计自己的能力,评价自己的智能;确认自己的性格,判断自己的情绪;明确自己的优势,衡量自己的差距。以此来开发自己,改变自己,设计塑造自己,跨越自己的障碍。使自己的才能得到充分发挥,使自身得到充分发展。所以,职业生涯规划能解决"潜能发挥"的问题。

第二,员工通过职业生涯规划,可选择适合自己发展的职业,确定符合自己兴趣与特长的生涯路线。正确设定自己的人生目标,运用科学的方法,采取有效的行动,化解人生发展中的危机,使其人生事业发展获得成功,担当起一定的社会角色,实现自己的人生理想。所以,职业生涯规划能解决"社会角色"稳定的问题。

第三,当一个人的才能得到相应发挥,并担任一定的社会角色时,他的地位及职务也得到了提高,其待遇和报酬也必然相应提高。例如,担任部门主管、生产经理、项目经理、部门经理、工程师或高级工程师等。个人职位的提高,其待遇和报酬也必然相应提高,因此,报酬问题就得到了解决,即"获取报酬"得到了稳定。这样,个人潜力得到了充分调动,其能力得到充分发挥。工作积极了,人才留住了,更重要的是同样的一个人,发挥的作用大不相同了。

(3)搞好员工职业生涯规划可以最大限度地发挥企业员工的才华与潜能。职业生涯管理是现在企业人力资源管理的核心内容,职业生涯规划是满足人才需求、留住人才的手段。搞好员工职业生涯规划可以最大限度地发挥企业员工的才华与潜能,提高企业经济效益。处理好员工职业生涯规划与企业发展的关系,使员工个人目标与企业整体目标统一,有利于企业的长远发展。

2.职业生涯规划的个人意义

职业生涯规划主要包括以下几个方面内容。

(1)实施战略举措,经营美好未来职业生涯设计或规划,即对人才与职业进行匹配与再规划的过程。职业生涯本身就是一个动态的不断发展的变化过程。职业规划不是一时应变之策,而是经营未来。有效的职业规划,有利于明确人生未来的奋斗目标。一个人的事业究竟应向哪个方向发展,可以通过制订职业生涯规划明确起来。只有有了明确的目标,才能激励人们去奋斗,并积极创造条件去实现目标,以免漫无目的四处漂浮、随波逐流。

(2)把握自己,争取成功职业生涯规划是以人的认识为基础来解决目标问题的,这些问题解决好了,也就把握住了自己。如何从一个学生转变成一个精明的从业人员,对人们来说,还有很长的一段路要走。激烈的竞争现实,并不允许一个人慢慢地成长,这就要求每个人不仅要看清自己,还要看清前方,快速地成长起来。对学生来说,可以有困惑,可以有迷茫,但绝不允许自己放弃努力。

（3）先给一个高度,经过努力会跳得更高。职业生涯规划,就是我们每一个人根据自己的实际工作能力和专业知识,大致设计好一个将要为之奋斗的目标,即以后要走的路。在前进的道路上,先给自己设定一个合适的高度,然后再通过自身一步一步的努力朝着那个方向前进,直至达到既定高度后再设定新的高度,渐行渐高,那个前方的高度就是我们的未来。

综上所述,职业生涯规划是员工个人发展和企业留住人才的主要方法和手段之一。当然,员工的职业发展目标只有与组织的发展相一致、相吻合,才能发挥其作用,并产生其效力。

二、职业生涯规划的特征与类型

（一）职业生涯规划的特征

职业生涯规划的特征主要表现在以下三个方面。

1. 职业生涯规划制定的动力源于自身

职业生涯规划不是企业强加在个人身上的实施方案,而是企业员工在内心动力的驱使下,结合社会和企业的发展利益,依据现实条件和机会制订的个人化的发展方案。

2. 职业生涯发展的动力源泉在于自身

家庭、企业、社会环境对个人职业生涯的影响都起着一定的作用,但如果不认清发展的动力源泉在于个人自身,就无法解释为什么有的人一生都无所作为,而在类似或更困难的客观条件下,有的人却在职业生涯发展中出类拔萃,因此,我们必须明确职业生涯发展的动力源泉在于自身。

3. 职业生涯规划能使企业与员工达成某种程度的默契

员工对企业的忠诚和企业一流的业绩可以给员工带来工作上的安全感。这种协定又被称为"心理协议",即企业与员工达成某种程度的默契心理。心理协议的最大作用是激励,企业要做的工作是提供机会、提供发展信息、提供具体帮助。企业可以用提供信息和帮助的方法来引导员工制订与企业发展目标相结合的职业生涯规划,但一定不能代替员工做规划。

（二）职业生涯规划的类型

1. 按照时间维度进行划分

职业生涯规划按照时间维度一般分为四种类型,即短期规划、中期规划、长期规划和人生规划。"短期规划"指2年以内的职业生涯规划,规划目的主要是确定近期目标,制订近期应完成的任务计划。"中期规划"指2～5年的职业生涯规划,是最常用的一种职业生涯规划。"长期规划"指5~10年的职业生涯规划，其主要目的是设定较长远的目标。"人生规划"指个人对整个职业生涯的规划，时间跨度可达40年左右，其规划的目的是确定整个人生的发展目标。

2. 结合大学生职业生涯规划的特点以及一般职业生涯规划的时间维度划分方法

将大学生职业生涯规划与一般职业生涯规划两者结合，我们可以把大学生的职业生涯规划分两种类型。

（1）大学生职业生涯规划的远期规划

远期规划时间年限在5年以上，即一般分类中的长期规划和人生规划。对职业生涯进行远期规划，能够使大学生明晰各个阶段的职业目标，保持整个职业生涯发展的连贯性和持续性，使总体目标更容易循序渐进地实现，进而产生最大的职业动力。大学生如果有条件的话，就应该进行这种远期的职业生涯规划，激励自己为达到各个阶段的目标而不懈努力。

不过，时间跨度较长的职业生涯规划要求对自我、对职业有比较充分的认识，对社会形势和客观环境有敏锐的观察力和超前的预测能力，需要花费较长的时间对职业目标和职业要求进行深入研究、调查、论证，并制订比较切实可行的完整性实施方案。但是，由于远期规划的时间跨度较长，在实施过程中会受到个人和环境不断变化的影响，规划目标的实现难度非常大。大学生尚处于职业生涯的探索阶段，对社会、对职业的了解都相对有限，因此，远期规划的制订可以先以简略的职业理想和职业目标为主，具体的远期规划要建立在近期规划的基础之上，根据职业发展的实际情况进行调整和修改。

（2）大学生职业生涯规划的近期规划

近期规划是规划时间年限与大学生涯年限基本符合的大学生职业生涯规划，即一般职业生涯规划中的短期规划和中期规划，这种规划一般在5年以内。

大学时期正处于职业准备和选择阶段，职业生涯探索阶段的主要目的，就是通过选择、尝试与磨合，找到最适合自己的职业，大学生的职业生涯近期规划，就是大学生根据这个阶段的主要特点和任务要求，在确立总体目标之后，以实现就业为阶段目标，对自己的大学学业生涯制订相应的行动计划和实施方案。

近期规划的主要特点是以大学学业阶段进行目标分解和策略实施，其最主要的目的是实现总体目标而在学业上做好准备、顺利毕业并进入目标职业。近期规划的侧重点以就读期间的职业学习和职业准备为主要内容，规划期限基本以大学生活的终止为结束。

对大学生而言，近期规划既具针对性，也具可操作性。通过近期规划，大学生可以在认识自我、了解职业的基础上，从自身的条件和社会的需求出发，确定职业发展的方向，明确职业目标，制订大学期间的学习、培训、实践计划，不断地挑战自我、超越自我，为将来迈出校门、走向社会做好准备，为总体目标的实现打下良好的基础。由于规划的时间跨度不长，因此，近期规划也比较易于评估与修正。

3. 依据处理职业问题时个人所采用的方法

按这种方法可将职业生涯规划类型分为依赖型、直觉型、理性型三类。

（1）依赖型。依赖他人，或遵从书本知识与社会舆论。我国大部分学生从小注重不断学习课本上的知识，在就业之前很少关注与职业有关的事情。另外，学校、社会也缺乏相关的教育与资讯，导致很多人都不能正确处理可能影响到其以后职业发展的问题；在很多地方的高中时期，都会认为读文科的人比较笨，于是文理分科时，不少人明明喜欢文科，却屈从社会舆论会选择理科；填写大学志愿，听从父母、老师的安排，尽挑当时最热门的专业；职业指导师在帮客户做职业方向定位服务时，都会询问他们选择大学专业的原因，最常见的回答就是"当初什么都不懂，父母帮我选的""觉得这个职业以后收入不错"，迄今为止，很少有人是根据自己的兴趣能力自主选择的；考研、留学也不知道为了什么，只是因为身边的大部分人都这么做。

（2）直觉型。凭自己的直觉、一时的喜好做出决定。不少人曾经在某一阶段凭借喜好做出职业决定。例如，因为感情受挫辞职疗伤、沉浸爱河无心工作、工作不顺频繁跳槽、收入不高追随热门等。直觉型类型人的职业生涯最容易出现的隐患就是职业生涯不连贯，在每一领域的积累都不多，很难晋升到中高层。

（3）理性型：综合考虑个人与职场等因素，分析利弊得失，做出并执行相应的计划。大部分职场成功人士在规划自己的职业生涯时，都是非常理性的。他们会及时关注职业信息，充分了解自我，制定合适的目标，并为目标而不断努力。

以上三种类型各有利弊。依赖型最省时省力，但是将自己的命运托付给他人，终究是一件危险的事情；直觉型短期内会很满足，可是从长远来看，随机性太强，会存在较大风险；理性型考虑周全，但会花费较多时间与精力。

三、职业生涯规划中的理念

（一）刺猬理念概述

科学家发现，在剧烈变化的环境中，能够生存下来的动物既不是那些最强壮的，也不是那些最聪明的，而是那些最灵活的。同理，在市场经济社会中，如果组织的思维模式一成不变，企业就无法参与竞争。

1. 刺猬理念

狐狸是一种狡猾的动物，它能够设计出无数复杂的策略，偷偷向刺猬发动进攻。但每一次刺猬都蜷缩成一个圆球，浑身的尖刺指向四方。狐狸行动迅速，皮毛光滑，阴险狡猾，看上去就是赢家。而刺猬则毫不起眼，遗传基因上就像豪猪和犰狳的杂交品种，它走起路来一摇一摆，整天到处走动，寻觅食物和照料自己的家。虽然狐狸比刺猬聪明，但是在实际中屡战屡胜的却是刺猬。狐狸的思维是凌乱或是扩散的，在很多层次上发展，从来没有使它的思想集中成为一个总体理论或统一观点。而刺猬则把复杂的世界简化成单个有组织性的观点、一条基本原则或一个基本理念，统一发挥统帅和指导作用。不管整个世界多么复杂，刺猬都会把所有的挑战和进退维谷的局面压缩成简单的"刺猬理念"。

刺猬理念告诉我们，狐狸可能知道很多事，但是刺猬知道最重要的事就是将事情简单化。刺猬理念告诉我们：面对纷繁复杂的社会，只有将事情简单化，才可能集中精力去拼搏。专注自己的核心竞争能力，而不要轻易分散自己的精力和资源。刺猬理念来自对如图6-1所示的三环交叉部分的深刻理解。

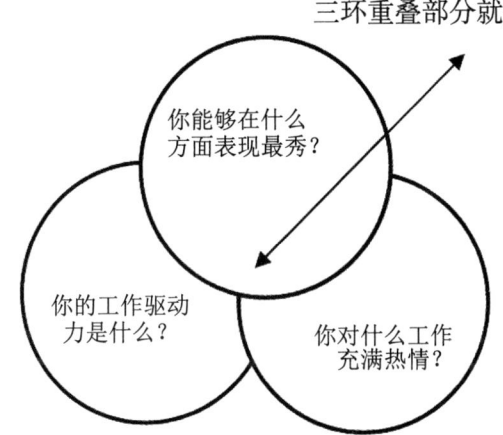

图6-1 刺猬理念三环图

2. 刺猬理念具体关注的内容

刺猬理念具体关注的是三环因素包括以下内容。

（1）自己要从事的职业是否是自己最具天赋的？天赋可以使一个人在某个职业上取得卓越的成绩，天赋是一个人的核心竞争力。

（2）驱动一个人的经济引擎是什么？

（3）自己是否充满热情？这份职业是否能引发自己的热情，让自己全力以赴。

3. 如何找到自己的刺猬理念

为了得到一个发展成熟的刺猬理念，需要全部的三环内容如下。

（1）找出自己的兴趣何在？什么事是自己永远感兴趣的，不论心情再不好也都愿意去做的？虽然不一定能找到完全合乎自己的兴趣，但一个人的生涯规划至少不能与自己的兴趣相矛盾。

（2）再找出自己生活的最少需求是多少？我们虽然不一定要求荣华富贵，但至少要温饱。我们要找出自己的生活至少要有多少的收入才能衣食无忧。

（3）想一想自己最希望获得的是什么？

在工作中，一个人可以有两种不同的需要作为动力：一种是所谓的缺陷或动力不足，取得公司对自身能力与价值的肯定，需要公司的某种奖励，如晋升或加薪；另一种则更为积极，源于自身内在发展的需要，叫作发展动力。如一个技术人员在升为主管后，他只有使自己掌握相应的管理能力，才有可能胜任新的角色。

如果每个人都能向三环的重叠部分努力，将它转变成一个简单而明确的概念，用来指导自己的人生选择，每个人就都能得到一个属于自己的刺猬理念。

4. 如何实践自己的刺猬理念

（1）要不断地积蓄自身的实力（也就是要终身学习）。

（2）职业生涯是个持续积累的过程，要有计划、按部就班地去规划、实践而且有始有终。

（3）要随时检讨、积极思考。

（二）自我发展理念

在个人的职业生涯规划中一定要有自我发展的意识，自我发展意识不是出自于企业的要求，而是以个人的职业发展总目标和阶段目标为出发点，自发、自动、自觉、自愿树立的职业信念和工作心态，也就是追求职业成功应有的自我发展理念。自我发展理念是从"我"出发、以"我"为本的职业心态。

1. 给别人打工就是做一人公司的老板

在打工的时候，把自己想象成在属于自己的"一人公司"中身兼数职，总经理、财务总监、策划经理等全是自己兼任，自己的工作就是这个"一人公司"的主营业务，而自己所服务的这家公司就是自己的大客户，而自己取得的薪水就是自己"一人公司"的业务收入。这样就从原来的为企业提供服务的打工者身份转换成为另一个专业公司的老板的身份。所以，如果当你今天以"一人公司"理念去经营自己时，就会转变对工作的心态，想办法如何为自己唯一的大客户提供更优质的服务，同时你还借助公司这个平台锻炼了自己，积累了自己职业发展的资历。

2. 充分利用属于自己的社会资源

个人发展的理念就要善用人脉资源。人脉资源是推进个人事业发展的宝贵财富，在生活中，当我们遇到自己不能完成的工作、自己没有能力去做的事情时，我们的第一个反应是"我做不到"，而忽视了寻求有能力的人来帮助自己。只有善于寻求他人的帮助，才会把人脉关系转化为有助于自己事业成功的资源。企业倡导的是团队精神和协作意识，对个人而言就是自己调动和运用同事关系达成目标的能力。培养团队协作意识不仅是为了更好地实现工作目标，而且是为了积累有助于自己职业发展的人脉资源。

3. 有机会向上走，没机会打根基

追求事业成功的职场人士必须把心态放平和，需要耐得住寂寞，如果有机会就要把握住机会，没有机会也不必硬着头皮往上挤，与其费尽心机勾心斗角，不如把心放下，扎扎实实为以后打根基，酝酿东山再起。个人职业发展的道路是自己设计，自己负责，单位只能给一个平台，协助自己的一个发展，但不会对一个人的人生成就负责。所以追求职业成功的人一定要树立和强化自我发展意识。个人要培养自己在职业发展上的核心才能和竞争优势，这需要很长时期的积累，要有深扎根基的意识，不要过分看重一时一地的得失成败。个人只有注重在知识、能力、经验、人脉关系等方面的积累，才能为以后的发展创造更多的机会。

第二节　职业生涯规划

一、影响职业生涯规划的因素

任何人的职业生涯都不是一帆风顺的，它会受到个人和环境等多种因素的影响。

（一）影响职业生涯的个人因素

1. 职业取向

职业取向是由美国职业咨询专家约翰·霍兰德提出的，他认为，人格是决定一个人选择职业的重要因素，他发现了六种基本的职业取向。

（1）技能取向。适合从事包含有体力活动，只有需要一定的技巧、力量和协调性才能承担的职业，如机械维修、烹调等。

（2）研究取向。喜欢从事包含着较多认知活动（思考、组织、理解等）的职业，如生物学家、大学教授等。

（3）社交取向。乐于从事那些包含着大量人际交往内容的职业，如心理医生、社会工作者。

（4）事务型取向。从事那些包含大量结构性的且规范较为固定的活动的职业，如会计、银行职员等。

（5）经营取向。从事那些通过语言活动影响他人的职业，如管理人员、律师、推销员等。

（6）艺术取向。从事那些包含着大量自我表现、艺术创造、情感表达以及个性化活动的职业，如艺术家、广告制作者、音乐家等。

2. 能力

对企业员工而言，能力是指劳动能力，也就是运用各种资源从事生产、研究、经营活动的能力。能力包括体能、心理素质、智慧三方面。这三方面构成了一个人的综合能力，它是员工职业发展的基础，与员工个体发展水平成正比。既为员工的个体发展提出了强烈的要求，又为个体发展的实现提供了可能条件。

3. 职业锚

这一概念是美国麻省理工学院的 E.H. 施恩教授提出的。他认为，职业计划实际上是一个持续探索的过程。在这一过程中，每个人都在根据自己的天资、能力、动机、需要、态度和价值观等形成较为明晰的与职业有关的自我概念。随着一个人对自己越来越了解，就会逐渐形成一个占主导地位的职业锚。职业锚实际上就是人们选择和发展自己的职业时所围绕的职业理念。

4. 人生阶段

人是有生命周期的，共分为萌发期、探索期、创造期、成熟期和衰退期五个阶段。在不同的人生阶段，人的生理特征、心理素质、智慧水平、社会负担、主要任务等都不相同，这就决定了在不同阶段，其职业发展的重点和内容也是不同的。

（二）影响职业生涯的环境因素

（1）社会因素

①经济发展水平；②社会文化环境；③政治制度和氛围；④价值观念。

（2）企业环境因素

①企业文化；②管理制度。

二、职业生涯规划的两个关键点

职业生涯是指个人职业的发展道路，包括就业的形态、工作的经历以及与职业相关的活动等，是一个人从职业学习开始到职业劳动结束的经历过程。职业生涯规划则是针对决定个人职业选择的主观和客观因素进行分析和测定，确定个人的奋斗目标并选择实现这一目标的职业。职业生涯规划要求每个人根据自身的兴趣、特点，将自己定位在一个最能发挥自己长处的位置，选择最适合自己能力的事业。从这个意义上来说，最初的专业选择和最初的职业选择最为关键。

1. 正确选择专业

选择某一特定专业学习，是为今后职业做准备的阶段，这是个人职业生涯的起步阶段，是决定能否赢在起点的重要阶段，是人生的第一个转折点。虽然一个人最初选择的专业并不代表他未来的职业，但在经过职业生涯规划基础上的有针对的选择，将会为其一生的事业发展奠定基础。如果一个人未来的职业和所学专业一致的话，那么他的职业将更加稳定和有发展前途，其职业生涯将更精彩。对个人而言，既符合自己的能力特点、为自己兴趣所在，又是社会所需要的专业方向是较为理想的选择。为此，要思考以下几个问题。

（1）未来希望干什么？确立一个具体的职业目标和专业方向，清楚地了解自己未来想干什么是选择专业的前提条件。做到这一点的关键就是认清自己，找到自己的兴奋点和兴趣所在。俗话说：兴趣是人最初的动力，是最好的老师，是成功之母。从事一项感兴趣的工作本身就能给人以满足感，职业生涯也会从此变得妙趣横生。浓厚的职业兴趣是一个人事业腾飞的引擎，而对兴趣的无悔追求是事业成功的巨大推动力。

（2）适合干什么？仅凭兴趣选择是不全面的，感兴趣的事情并不代表其有能力去做。因此，清楚自己能干什么、适合干什么是选择专业的必备条件。因为不同能力优势的人适合学习的专业和未来从事的职业是有所区别的，如空间能力强的人适合于从事机械制造、工程设计、建筑等理工科的专业和艺术方面的专业，以及与这些专业相对应的职业；语言能力强的人适合学习语言文学、文字编辑、翻译、文艺创作等专业和从事相应的职业。在这方面，每个人都有自己的能力优势和个性特征，只有在充分认识自己的前提下，才能恰当地选择好适合自己的专业方向。

（3）社会需求什么？在明确自己想干、能干的专业领域和事业方向的同时，还应兼顾考虑社会的需求和未来发展前景等外在因素，这是专业选择是否成功的基本保证。如果所选择的专业自己既感兴趣又符合能力要求，但社会没有需求或需求极少，未来就业机会渺茫，这样的职业生涯规划在起步上就是失败的。

2. 职业选择

这一阶段是一个人完成大学专业的学习，准备选择职业的阶段，因而这一阶段也可称之为职业选择期。这一阶段的主要特征，是从学校走上工作岗位，它是人生事业发展的起点。如何起步，直接关系到今后的成败。正如一句俗话，"女怕嫁错郎，男怕入错行"，后半句指的就是职业定位。只有弄清楚了市场需要什么、自己想干什么、自己能干什么等问题，才能定位自己的职业方向，从而找到自己喜欢的工作。好高骛远，只会是一事无成；妄自菲薄，终将悔恨终身。这一阶段生涯规划的核心内容就是在充分做好自我评价和内外环境分析的基础上，选择适合自己的职业与自己的兴趣、能力匹配，与所学专业领域方向一致、符合自己职业发展方向的理想职业。要达到这一理想目标，应注意以下两点。

（1）重新审视、评估自己的职业生涯规划，制定一个阶段性的职业发展目标。由于年龄、资历以及社会发展变化等原因，最初选择专业时制定的职业目标可能会有比较吻合或比较抽象甚至有所偏差等多样结果，经过几年的专业学习，对自己进行再一次的职业定位，设立阶段性的职业发展目标是必要的。

（2）小事情，大目标。善于从小事、从最具体的职业岗位做起，只要这种小事、具体事与自己的最终职业目标一致，有利于个人职业目标的实现，都可以选择确定为自己的最初职业岗位。一件大事是由多件小事组成的。任何人做事都没有大事和小事之分，其所以最后的结果完全不同，是因为做大事的人所做的每一件小事和所定的目标都密切相关，多件小事的完成便意味着接近大目标的完成；而成就不了大事的人所做的多件小事之间是没有关联的、无序的，最后即使做完了更多件小事，也一事（大事）无成。人的职业生涯就是这样一件可以由若干件小事（行为）所组成的大事，只有立足小事，才能成就大事。

三、职业生涯规划的内容

（一）确定职业目标

如果说目标是管理对象在某一阶段最终应该达到的状态，那么职业目标就是职业的发展在某一阶段最终应该达到的状态。

（二）确定成功标准

职业生涯的成功标准有两种，一是金字塔式成功标准，这种标准认为一个人应沿着金字塔式的组织结构向上爬，担任更高的职位，承担更多的责任，获得更多的物质财富；二是心理成就感成功标准，这种标准认为金字塔式成功标准所确立的职业生涯目标的实现，不仅受个人自身努力的影响，还受到组织发展的制约。人们应转为更多地强调职业生涯成功的标准是追求心理的成就感，虽然对地位不十分看重，但是希望工作丰富化，具有灵活性，并且渴望从工作中获得乐趣。与金字塔式成功标准相比，心理成就感在更大程度上由自我主观感觉认定，不仅仅指组织对个人如晋升、加薪等认可。

（三）对自身与环境的客观评估

1. 对自身的客观评估

自我评估的目的，是认识自己、了解自己。只有认识自己，才能对自己的职业做出正确的选择，才能选定适合自己发展的职业生涯路线，才能对自己的职业生涯目标做出最佳抉择。自我评估包括自己的兴趣、特长、性格、学识、技能、智商、情商、思维方式、思维方法、道德水准以及社会中的自我等。

2. 环境因素评估

环境因素评估主要包括：①组织环境；②政治环境；③社会环境；④经济环境。

3. 职业生涯机会的评估

职业生涯机会评估主要是评估各种环境因素对自己职业生涯发展的影响，每一个人都处在一定的环境中，离开了这个环境，便无法生存与成长。所以，在制订个人的职业生涯规划时，要分析环境条件的特点、环境的发展变化情况、自己与环境的关系、自己在这个环境中的地位、环境对自己提出的要求以及环境对自己有利的条件与不利的条件等。个人只有对这些环境因素充分了解，才能做到在复杂的环境中趋利避害，使自己的职业生涯规划具有实际意义。

（四）确立正确的职业、明确职业生涯路线

职业选择正确与否，直接关系到人生事业的成功与失败。正如人们所说的"女怕嫁错郎，男怕选错行。"由此可见，职业选择对人生事业发展是何等重要。选择正确的职业至少应考虑以下几点：①性格与职业的匹配。②特长与职业的匹配。③兴趣与职业的匹配。④内外环境与职业相适应。

在职业确定后，自己将沿着哪一条路线发展，此时要做出选择。例如，是向行政管理路线发展，还是向专业技术路线发展；是先走技术路线，再转向行政管理路线等。由于发展路线不同，对职业发展的要求也不相同。因此，在职业生涯规划中，个人须做出抉择，以便使自己的学习、工作以及各种行动措施沿着你的职业生涯路线或预订的方向前进。在通常情况下，职业生涯路线的选择须考虑以下三个问题。

①自己想往哪一条路线发展？②自己能往哪一条路线发展？③自己可以往哪一条路线发展？对以上三个问题，进行综合分析，以此确定自己的最佳职业生涯路线。

（五）制订职业发展行动计划与措施

在确定了职业生涯目标后，行动便成为关键的环节。没有达到目标的行动，目标既难以实现，也就谈不上事业的成功。这里所指的行动，是指落实目标的具体措施，主要包括工作、训练、教育、轮岗等方面的措施。例如，为达到目标，个人计划采取什么措施提高自己的工作效率；在业务素质方面，自己计划学习哪些知识，掌握哪些技能，提高自己的业务能力；在潜能开发方面，采取什么措施开发自己的潜能等，都要有具体的计划与明确的措施。这些计划要特别具体，以便于定时检查。

（六）实现职业生涯规划需要进行的必要准备

1. 培训

培训的基本内容一般包括以下几个方面。

（1）基本素质培训。包括文化知识、道德知识、法律知识、公共关系与社会知识、生产知识与技能。这种培训主要是培养熟练工种，培训的内容以基本素质培训为主，并结合用人单位的岗位设置及职业要求进行培训。

（2）职业知识培训。包括职业基础知识、职业指导、劳动安全与保护知识、社会保险知识等。使求职者了解国家有关就业方针政策以及个人选择职业的知识和方法；掌握求职技巧、开业程序与相关政策；了解职业安全与劳动保护有关政策和知识；掌握社会保险方面的政策和知识。

（3）专业知识与技能培训。包括专业理论、专业技能和专业实习。个人在学好专

业理论的基础上掌握一定的专业技能,并通过在企业的实习,提高解决实际问题的能力,为其就业打好基础。

2. 其他的准备

准备的基本内容主要是各种社会公益活动、义务劳动、参观学习和勤工俭学等。

(七)列出时间安排表

时间安排主要表现为在哪个时间段要实现什么样的目标,也就是我们平常所说地列出一个发展计划表。

四、进行职业生涯规划应遵循的原则

(一)个人职业生涯规划设计

个人职业生涯规划设计应该遵守如下准则。

1. 择己所爱

兴趣是最好的老师,是成功之母。调查表明,兴趣与成功的概率有着明显的正相关性。在设计自己的职业生涯时,务必注意考虑自己的特点,珍惜自己的兴趣,择己所爱,选择自己所喜欢的职业。从事一项自己所喜欢的工作,工作本身就能给自己一种满足感,自己的职业生涯也会从此变得妙趣横生。

2. 择己所长

运用比较优势原理充分分析别人与自己,尽量选择冲突较少的优势行业。这是因为,任何职业都要求从业者掌握一定的技能,具备一定的能力。而一个人一生中不可能将所有技能都全部掌握。所以,一个人在进行职业选择时必须择己所长,从而有利于发挥自己的优势。

3. 择己所利

职业是个人谋生的手段,其目的在于追求个人幸福。所以,一个人在择业时,首先考虑的是自己的预期收益——个人幸福最大化。明智的选择是在由收入、社会地位、成就感和工作付出等变量组成的函数中找出一个最大值。这就是选择职业生涯中的收益最大化原则。

4. 择世所需

社会的需求在不断演化,旧的需求不断消失,新的需求不断产生,新的职业类型也不断产生。所以,一个人在设计自己的职业生涯时,一定要分析社会需求,择世所需。最重要的是,目光要长远,能够准确预测未来行业或者职业发展方向,再做出选择。不仅是有社会需求,而且这个需求要长久。

(二)企业的职业生涯开发与管理的宗旨

企业职业生涯管理的目的就是为了人的发展,为了实现这一目标,必须遵循以下六项原则。

1. 利益结合原则

利益结合必须是员工、企业、社会三者利益的有机结合。虽然职业生涯开发与管理是为了人的全面发展，但完全为了某个个人的利益肯定是不行的。利益结合是两个平等主体之间的相互选择，相互依存，而不是某一方居高临下，要用发展的眼光找到利益结合点。

2. 机会均等原则

给予所有人的发展机会都应是均等的。机会均等原则是人格价值人人平等的具体体现，是维护员工整体积极性的保证。

3. 共同制定、共同实施原则

职业生涯规划既不是个人脱离企业的实际情况来制订，也不是企业给员工制定，而应是双方共同制订共同实施，离开了这一原则，就无法保证切实贯彻利益结合的原则。

4. 时间坐标原则

制定职业生涯目标，一定要有起始时间，体现出时间这个坐标。不管职业生涯规划定义得多么美妙，如果没有时间坐标，一切就会失去了意义。

5. 发展创新原则

职业生涯开发不是制定一套规章程序，让员工循规蹈矩，按部就班，而是要让员工发现、发挥和发展自己的潜能，尤其要创造性地制定没有前人经验的奋斗目标。

6. 全面评价原则

职业生涯的成功与否应由员工个人、家庭成员、企业和社会做出全面评价。在全面评价的原则中，尤其要注意下级对上级的评价。

五、进行职业生涯规划应遵循的步骤

（一）进行职业生涯规划必须先要回答的问题

面对日益激烈的职场竞争，每个人都不得不面对这样的问题：未来的路在哪，如何找到我满意的工作？所以每个人其实都在心里潜移默化地想过自己的职业规划。只要通过问自己以下几个问题，职业生涯规划过程就会明确。

（1）自己是什么样的人？这是自我分析过程。分析的内容包括个人的兴趣爱好、性格倾向、身体状况、教育背景、专长、过往经历和思维能力。这样对自己有个全面的了解。

（2）自己想要什么？这是目标展望过程。包括职业目标、收入目标、学习目标、社会期望和成就感。特别要注意的是学习目标，只有不断确立学习目标，才能不被激烈的竞争淘汰，才能不断超越自我，登上更高的职业高峰。

（3）自己能做什么？自己专业技能何在？最好能学以致用，发挥自己的专长，在学习过程中积累自己的相关专业知识技能。同时，个人的工作经历也是一个重要的经验积累，判断自己能够做什么。

（4）什么是自己的职业支撑点？个人、家庭、学校、社会的种种关系，也许都能够影响自己的职业选择。

（5）什么是最适合自己的？行业和职位众多，哪个才是适合自己的呢？待遇、名望、成就感和工作压力及劳累程度都不一样，选择最好的并不是合适的，只有选择合适的才是最好的。

（6）自己能够选择什么？通过前面的过程，自己就能够做出一个简单的职业生涯规划了。

（二）职业生涯规划具体的操作步骤

1. 自我评估

自我评估是为了更好地认识自我、了解自我。要通过科学认知的方法和手段，如借助职业兴趣测验和性格测验以及周围人对你的评价等，对自己的职业兴趣、气质、性格、能力等进行全面认识，清楚自己的优势与特长、劣势与不足。评估自我时要客观、冷静，不能以点代面，既要看到自己的优点，又要面对自己的缺点。只有这样，才能避免在职业生涯设计中的盲目性，达到设计的适宜高度。

2. 正确进行职业分析

现代职业具有自身的区域性、行业性、岗位性等特征。

（1）职业区域既可能是城市，也可能是农村，还可能是经济发达的特区或是经济一般或欠发达地区。职业生涯规划设计时要考虑到职业区域的具体特点。如该地区的特殊政策、环境特征等。

（2）职业角色的发展与职业所在的行业的发展有着密切的关系。个人在进行职业生涯规划时，不能仅看重单位的大小、名气，而要对该职业所在的行业现状和发展前景有比较深入地了解。如人才供给情况、平均工资状况、行业的非正式团体规范等。

（3）不同的职业岗位对求业者的自身素质和能力有着不同要求。个人在进行职业生涯规划时，除了解所需要的非职业素质要求，还要了解所需要的职业素质要求；除了解所需要的一般能力外，还要了解所需要的特殊职业能力。

3. 培养职业需要的实践能力

大学生的综合能力和知识面是用人单位选择大学生的依据。用人单位不仅考核其专业知识和技能，而且考核其综合运用知识的能力、对环境的适应能力、对文化的整合能力和实际操作能力等。大学生进行职业生涯设计，除构建自己合理的知识结构外，还具备从事本行业岗位的基本能力和某些专业能力。从某种意义上说，能力比知识更重要，大学生只有将合理的知识结构和适用社会需要的各种能力统一起来，才能立于不败之地。一般来说，大学生应重点培养满足社会需要的决策能力、创造能力、社交能力、实际操作能力、组织管理能力和自我发展的终身学习能力、心理调适能力、随机应变能力等。

4. 参加有益的职业训练

在确立了职业目标后，行动就成了关键环节，没有行动，目标就无从实现。因此，大学生要积极参加有益的职业训练。职业训练包括职业技能培训、对自我适应性职业的考核、职业意向的科学测定等内容。

5. 确定职业生涯目标

职业生涯目标的确定，包括人生目标、长期目标、中期目标与短期目标的确定，它们分别与人生规划、长期规划、中期规划和短期规划相对应。一般讲，我们首先要根据个人的专业、性格、气质和价值观以及社会的发展趋势确定自己的人生目标和长期目标，然后再把人生目标和长期目标进行分化，根据个人的经历和所处的组织环境制定相应的中期目标和短期目标。

职业生涯目标规划，应从一生的发展写起，然后分别制订出十年、五年、三年、一年计划，以及一月、一周、一日计划。计划制订好后，再从一日、一周、一月计划实行下去，直至实现自己的一年目标、三年目标、五年目标、十年目标。

今生今世，自己想干什么，想成为什么样的人，想取得什么成就，想成为哪一专业的佼佼者？这些问题确定之后，自己的人生目标也就确定了。

（1）今后十年大计。今后十年，自己希望自己成为什么状况，有什么样的事业，将有多少收入，计划置办哪些家庭固定资产投资，要过上什么样的生活，自己的家庭与健康水平如何？把这些仔细想清楚，一条一条计划好，记录在案。

（2）五年计划。制订五年计划的目的，是将十年大计分阶段实施。并将计划进一步详细具体化，将目标进一步分解。

（3）三年计划。俗话说，五年计划看头三年。因此，自己的三年计划，还要比五年计划更具体、更详细。因为计划是自己的行动准则。

（4）定出明年计划。制订明年的计划，以及实现计划的步骤、方法与时间表。务必具体、切实可行。如果从现在开始制定目标，则应单独制订今年的计划。

（5）下月计划。下月计划应包括下月计划做的工作，应完成的任务、质和量方面的要求，财务上收支，计划学习的新知识和有关信息，计划结识的新朋友等。

（6）下周计划。计划的内容与上述（5）相同。重点在于必须具体、详细、数字化，切实可行。另外，每周末提前计划好下周的计划。

（7）明日计划。取最重要的三件至五件事，按事情轻重缓急，按先后顺序排好队，明日按计划去做。可以避免"捡了芝麻，丢了西瓜"。

6. 制定行动方案

在确定好以上各种类型的职业生涯目标后，就要制订相应的行动方案来实现，将目标转化成具体的方案和措施。这一过程中比较重要的行动方案有职业生涯发展路线的选择、职业的选择和相应的教育和培训计划的制订。

7. 评估与反馈

在人生的发展阶段，由于社会环境的巨大变化和一些不确定因素的存在，会使我们与原来制定的职业生涯目标及规划有所偏差，这时需要对职业生涯目标与规划进行评估和做出适当调整，以便更好地符合自身发展和社会发展的需要。职业生涯规划的评估与反馈过程既是个人对自己的不断认识过程，也是对社会的不断认识过程，还是使职业生涯规划更加有效的有力手段。

一、提高自己的职业理念转化为实际的能力

对大学生来讲，在提高对职业生涯规划认识，了解职业生涯规划在自己的就业、创业中所起到的作用的同时，应进一步地深化自己的学习职业生涯理念，转化为适合自己的职业生涯理念的能力，提高自己的自我评价的能力，为自己的未来积累力量。

1. 认真学好职业生涯理念

如何将职业生涯的有关理念要求，转化为自己的职业生涯理念，必须坚持用理论武装头脑，勤于学习思考。思想是行动的先导，理论是实践的指南，对职业生涯理念理解得愈深刻，贯彻落实的行动就愈自觉、愈坚定。大学生要高度重视、认真抓好对职业生涯理念的学习，坚持深入持久地学、全面系统地学，真正学深学透、学懂弄通，同时，大学生要认真学习现代经济知识、科技知识、社会管理知识和法律知识等，努力推进自主创新的组织能力、管理能力、依法办事的能力；要勤于思考，学以致用，完善职业理念，多思发展之计，多谋发展之策，切实把思想和行动统一到职业生涯的科学要求上来。

2. 参加社会实践，修正自己的理念

学好理论，只是完成整个工作的一小部分，要想更好地适应社会，还必须在学校期间参加适当的社会实践，在实践中去检验自己的想法是否合理。

按职业生涯的有关理念要求，必须注意实践积累。实践是培养能力的第一课堂。知识转化为能力，根本的途径要靠实践。大学生要积极投身于经济社会发展的实践，深入开展调查研究，虚心向群众学习，自觉汲取群众的智慧和力量，不断丰富和提高自己。大学生要坚持对实践经验进行及时总结，边实践边总结边提高，在实践中经受锻炼，尽快提高自己的能力。

按职业生涯的有关理念要求，必须勇于开拓创新。创新是现代企业员工的必备能力，是大学生基本素质的综合反映。提高大学生的创新能力，是实践的要求，时代的

召唤。优秀的大学毕业生应当具备创新的激情和动力，大胆探索推进经济社会发展的新思路、新办法，通过创新为实现科学发展注入动力，将加快发展、跨越式发展变成现实。大学生应从提高创新意识入手，善于超前思考，能够提出问题，敢于标新立异，不断总结提高，全面培养自身创新能力。

3. 提高自己的自我评价的能力

以现代发展观为指引，以促进大学生职业生涯设计不断地得到优化为目的的评价机制，能充分发挥评价的导向、诊断、激励、反思、改进和发展功能，使大学生从多种渠道获得信息，对自己的各方面做出客观评价和有深度的反思，促使大学生的专业水平不断提升和发展，不断优化职业生涯设计。

（1）评价的原则。发展性原则：评价要体现当前职业发展趋势，"注重过程、注重发展"，既要看结果，又要看过程，将学生自己的日常行为作为评价的重点。激励性原则：人人都是需要激励的，激励能使人奋起，能使人从小的成功走向大的成功。评价要"注重促进、注重激励"，要注重大学生自身发展的纵向比较，鼓励大学生在不同阶段，不同基础的情况下都能不断获取成功的体验。

（2）评价的方法自我评价：大学生自我评价是发展大学生评价的核心，是指大学生通过自我认识，进行自我分析，从而达到自我提高的过程。大学生自我评价对其自身而言，需要他们具有一定的自我认识能力和自我分析能力，只有具备较强的自我认识能力和自我分析能力，大学生才有可能找到实现自我提高的途径。

对学校而言，一是要对大学生进行自我评价教育，树立正确的自我评价观，营造具有支持大学生的自我评价氛围；二是构建可操作的大学生自我评价指标体系；三是重视大学生的自评结果；四是慎用自评结果，不直接与奖惩挂钩；五是与他评相结合，促进大学生反思能力的提高。学校可以采用的自我评价的方法有：①大学生按照评价内容通过编写自我反思的形式来评价；②学校根据评价内容设计有利于大学生全面发展的有关表格、数据让大学生自我评价；③通过写学习日记、阶段性学习总结等方式进行评价。总之，在自我评价中，大学生应树立正确的自我评价观，具有一定的自我评价能力，学校应从多方面给予其指导和鼓励，并加强自我评价工作的管理，防止在自我评价过程中因过高或过低评价影响大学生学习情绪的不良现象发生。

大学生之间的互评和家长评价，学生、家长是学校教育中不可忽视的两大群体。建立大学生、家长共同参与的大学生评价，是新时期发展大学生评价的重要内容，旨在帮助每一个大学生从多种渠道获得信息，不断提高自身素质。

综上所述，职业生涯规划，也可以理解为是对自己人生的事业策划，是一个选择和实践的过程。大部分人的职业选择，都不是精心规划设计出来的，而是在实践中探索出来的，在实践中积累、在总结中提炼、在发展过程中形成并最终清晰和确认。职业生涯规划的核心是方向，但不是一成不变的，在从业的过程中只有不断地学习和改变自己才是重要的；只有不断地认识自我、完善自我，才能使自己所从事的事业走向成功。

二、职业规划书设计

编写职业生涯规划书是大学生应具备的能力之一，掌握职业生涯规划的相关知识，并运用该知识为自己进行科学的规划，既为自己指明了前进的方向，又能调动一切可以调动的社会资源来实现自己的职业发展目标。

下面介绍职业生涯规划书的主要内容。

1. 职业生涯规划书的内容

职业生涯规划书包括五部分的内容，分别是封面、扉页、目录、正文和结束语。

2. 各个部分的具体内容

（1）在封面中，署上作品名称和年月日，可以在封面插入图片和警示格言。

（2）在扉页中，应有编写人的基本信息。如姓名、性别、年龄、家庭住址、籍贯、居民身份证号码、所在学校及所学专业、通信地址、邮编、联系电话、E-mail等内容。

（3）在目录页中，应体现的是正文的几个重要组成部分的题目及所在的页码。

（4）在正文中，应有以下九部分内容。

（一）引言

（二）自我分析

1. 职业兴趣——喜欢干什么；

2. 职业能力——能够干什么；

3. 个人特质——适合干什么；

4. 职业价值观——最看重什么；

5. 胜任能力——优劣势是什么；

6. 自我分析小结。

（三）社会环境分析

1. 家庭环境分析；

2. 学校环境分析；

3. 社会大环境分析；

4. 社会环境分析小结。

（四）职业环境分析

1. 行业分析；

2. 职业分析；

3. 企业分析；

4. 地域分析；

5. 职业环境分析小结。

（五）职业定位

1. 综合第一部分（自我分析）及第二部分（职业分析）的主要内容得出本人职业定位的SWOT分析：

内部环境因素	优势因素（S）	弱势因素（W）
外部环境因素	机会因素（O）	威胁因素（T）

2. 结论：

职业目标	
职业发展策略	
职业发展路径	
具体路径	

（六）职业目标分解与组合

1. 职业目标；

2. 经济目标；

3. 成果目标；

4. 学历目标；

5. 职务目标；

6. 能力目标。

（七）职业生涯规划计划实施方案

计划实施包含计划名称、时间跨度、总目标、分目标、计划内容、策略和措施等内容，明确需要进行的培训和准备。

（八）评估调整

职业生涯规划是一个动态的过程，必须根据实施结果的情况以及因应变化进行及时评估与修正。

1. 确定成功标准

2. 评估的内容

（1）职业目标评估；

（2）职业路径评估；

（3）实施策略评估；

（4）其他因素评估。

3. 评估的时间

一般情况下，定期（半年或一年）评估规划；当出现特殊情况时，会随时评估并进行相应的调整。

4. 规划调整的原则

（九）缩小差距的方法

1. 教育培训方法

2. 讨论交流方法

3. 实践锻炼方法

在结束语部分，主要是谈一下自己对职业生涯规划的认识和自己的准备情况等。例如，计划虽然已经制订，但更重要的在于其具体实施并取得成效，这一点时刻都不能被忘记。任何目标只说不做，到头来都只会是一场空。然而，现实是未知多变的，制订的计划随时都可能受到各方面因素的影响。这一点，每个人都应该有充分的心理准备。因此，在遇到突发事件、不良影响时，要注意保持清醒冷静的头脑，不仅要及时面对、分析所遇问题，而且应该快速果断地拿出应对方案，对所发生的事情，能挽救的尽量挽救，不能挽救的要积极采取措施，争取做出最好修正。相信如此一来，即使将来的作为和目标相比有所偏差，也不至于相距太远。

【规划期限】三年

参考文献

[1] 施佩刁，宋新辉. 大学生职业生涯规划与就业指导 [M]. 北京：北京邮电出版社，2020.

[2] 鲁江旭. 大学生职业生涯规划与就业指导 [M]. 北京：中国轻工业出版社，2016.

[3] 金德禄. 大学生职业生涯规划与就业指导 [M]. 南京：东南大学出版社，2020.

[4] 李国庆，孙金一，张源峰. 大学生职业生涯规划与就业指导 [M]. 上海：上海交通大学出版社，2019.

[5] 周清，何独明. 大学生职业生涯规划与就业指导 [M]. 北京：北京理工大学出版社，2019.

[6] 高阳. 大学生职业生涯规划与就业指导 [M]. 成都：电子科技大学出版社，2019.

[7] 何具海. 大学生职业生涯规划与就业指导 [M]. 长春：吉林人民出版社，2019.

[8] 何文波. 大学生职业生涯规划与就业指导 [M]. 湘潭：湘潭大学出版社，2019.

[9] 郭帆，崔正华. 大学生职业生涯规划与就业指导 [M]. 东南大学出版社，2018.

[10] 刘晨，左小文，邬慰娟. 大学生职业生涯规划与就业指导 [M]. 北京：中国商务出版社，2018.

[11] 于伟丽. 大学生职业生涯规划与就业指导 [M]. 北京：中国传媒大学出版社，2018.

[12] 张琳，李中斌，王杨. 大学生职业生涯规划与就业指导 [M]. 上海：上海交通大学出版社，2018.

[13] 简冬秋，许继勇. 大学生职业生涯规划与就业指导 [M]. 镇江：江苏大学出版社，2018.

[14] 刘玉升. 大学生职业生涯规划与就业指导 [M]. 苏州：苏州大学出版社，2018.

[15] 张卿，王孝胜. 大学生职业生涯规划与就业指导 [M]. 西安：西北工业大学出版社，2018.

[16] 夏忠. 大学生职业生涯规划与就业指导 [M]. 北京：北京理工大学出版社，2017.

[17] 王佳，张健，姚圆鑫. 大学生职业生涯规划与就业指导 [M]. 北京：国家行政学院出版社，2017.

[18] 于广东. 大学生职业生涯规划与就业指导 [M]. 北京：中国轻工业出版社，2016.

[19] 罗革云，邓素霞.大学生职业生涯规划与就业指导[M].西安：西安电子科技大学出版社，2016.